亲子教育
金字塔法则

李 牧 著

世界图书出版公司

上海·西安·北京·广州

图书在版编目(CIP)数据

亲子教育金字塔法则/李牧著. —上海：上海世界图书出版公司,2017.6
ISBN 978 - 7 - 5192 - 3025 - 8

Ⅰ.①亲… Ⅱ.①李… Ⅲ.①家庭教育 Ⅳ.①G78

中国版本图书馆 CIP 数据核字(2017)第 117032 号

书　　名	亲子教育金字塔法则
	Qinzi Jiaoyu Jinzita Faze
著　　者	李　牧
责任编辑	吴柯茜
封面设计	张亚春
插图设计	张　爽
出版发行	上海世界图书出版公司
地　　址	上海市广中路 88 号 9—10 楼
邮　　编	200083
网　　址	http://www.wpcsh.com
经　　销	新华书店
印　　刷	上海梓格出版科技有限公司
开　　本	787 mm×960 mm　1/32
印　　张	5
字　　数	64 千字
版　　次	2017 年 6 月第 1 版　2017 年 6 月第 1 次印刷
国际书号	ISBN 978 - 7 - 5192 - 3025 - 8/G·486
定　　价	30.00 元

作者简介

李牧,中欧国际工商学院 MBA,国际管理公会 iPMA 认证职业培训师,埃里克森国际教练学院认证职业教练。

作者在制造业领域拥有近 30 年的职业经验;曾经在知名国有控股集团企业、外商独资企业、世界 500 强跨国企业亚洲区和国家 985 重点大学企业管理学院等单位任中高层管理职位;现从事领导力和团队管理的培训与咨询,以及高管教练、父母教练等工作。

作者不仅在个人事业领域里一直努力拼搏,多年来对亲子教育也保持了高度的关注并积极探索和践行。在伴随孩子 20 多年成长的历程中,作者从改进亲子教育的角度出发,以提升家长的自我教育为核心,坚持不懈地持续学习、思考和改进亲子教育的观念和方法,将自己在从事管理工作中所运用的现代管理理论和方法以及教练辅导技巧同亲子教育实践紧密地结合在一起,探索和创立了一系列独具特色的亲子教育理论和技巧并成功地加以运用。

这些探索中既有"授之以鱼"的实用方法介绍,也有"授之以渔"的思维方式解析。

作者创立的理论和技巧,使得作者作为家长很好地保持了与孩子的亲子关系,避免了许多在孩子成长过程中普遍存在的问题和矛盾,让孩子顺利度过了一些重要的成长阶段。

在科学、细致的家庭教育环境下,孩子树立起了良好的人生观、价值观和行为准则,得到了老师、同学们的广泛认可,在学业上也取得了可喜的成绩,从名不见经传的普通学校迈入上海市的名牌高中——上海中学,又以优异毕业生的成绩迈入中国的顶级学府——北京大学。

自　序

　　大约在我的儿子十四五岁的时候,我曾经与一位和我年龄相仿的 MBA 同学聊起孩子的教育。他问我:"你对你孩子的现状满意吗?"我笑答:"还算满意吧。"他又问:"那么,你对孩子最满意的是什么?"我努力思索了一下,认真地答道:"我对孩子最满意的,就是他现在已经很清楚地知道,什么事该做,什么事不该做!"

　　这个回答一出口,不仅他感到了惊讶,连我自己也感到了一丝惊奇和惊喜。是啊!一个正处在青春期和所谓的"叛逆期"的孩子,如果能够清楚地知道什么事该做什么事不该做,这是天下多少家长梦寐以求的美好情景啊!又能够让多少家长减轻焦虑、担忧、苦恼和烦躁啊!

　　那次聊天之后,我常常会跟一些同学、朋友谈论孩子,谈论亲子教育,谈论做父母的种种艰辛体会和难忘的感受。

现实生活中,有多少奋力拼搏的父母,为孩子在成长中不尽如人意的表现而焦虑纠结?有多少含辛茹苦的父母,为无法与孩子进行坦诚沟通而苦恼感伤?又有多少功成名就的父母,为孩子的放纵不羁而无可奈何?

谈到亲子教育,又常常让家长们牵肠挂肚、寝食不安,而国内国外各种流派、千差万别甚至相互矛盾对立的教育理论或教育方法让家长们难以甄别、不知所措。近些年来,如雨后春笋般涌现的纷繁多样的训练班、训练营又让家长们眼花缭乱、应接不暇。如何才能够找到符合中国家庭现状的、有效实用的亲子教育方法,是家长们非常渴望得到答案的一个重要问题。

从那时起,我开始有意识地回顾、反思自己在孩子教育方面的种种经验和教训:我是如何做到让孩子具有**自我觉察**、**自我管控**、**自我规划**能力的?我在哪些方面做得好?哪些方面有失误?哪些方面还可以做得更好？……从这些反思当中,我逐渐梳理出一些理念、观点、方法和技巧,也在与其他家长的分享中得到了越来越多的认同。

经过若干年的积累,我决定把自己20多年的育儿心得归纳总结起来,形成比较**易于理解和记忆、易于复制和运用**的育儿经验,与更多的家长朋友们分享。

本书旨在帮助家长们消除在孩子教育方面的困惑和忧虑,掌握亲子教育的真谛,改善亲子关系,提升亲子教育的满意度,帮助更多的孩子健康成长,帮助更多的家长实现生活与工作的平衡,实现家庭与事业的和谐发展。

衷心感谢在我编写和出版该书的过程中,为我提出宝贵建议的 Kate 同学、汤如冰同学,为书稿绘制插图的张爽女士,为我协调出版事宜的姜海涛先生,以及其他给予我关心和支持的朋友们。

最重要的,要感谢父母赐予我生命和力量;感谢爱妻与我共同悉心抚育孩子,探索育儿理念。

当然,也一定要感谢我亲爱的儿子,让我有幸与他一起成长,共沐亲情。

李牧

2016 年 12 月

目　录

下篇　稳固您的育儿"金字塔"

上篇

被忽视的"金字塔"

第一章

可怜天下父母心

孩子一出世，家长们就开始了忘我哺育、辛苦教养的历程。可以说，没有哪个父母是轻松无忧走完这个历程的。对孩子日复一日、年复一年的关心和担忧，会一直伴随着父母。

我们一起来看看，父母们都有哪些焦虑和渴望。

第一节 家长们在焦虑什么?

自从我从事企业管理培训和教练辅导工作以来，发现了一个现象：在培训或辅导当中的讨论环节或是个人分享环节，有一半左右的学员会谈到自己在亲子教育方面所经历的艰辛和苦恼。由此看来，亲子教育已经成为众多家长关心的话题，对众多家长的精神状态、身心健康、事业发展及家庭和睦都不可避免地产生了影响。

许许多多的家长们，开始对孩子们一些多发的、普遍的行为产生深深的焦虑。

有行为方式方面的问题。例如，孩子开始变

得不听话,开始有逆反行为,爱发脾气,遇到不如意的事就开始哭闹等等。

有性格方面的问题。例如,霸道,任性,胆小,性格内向,不合群,不敢在众人面前表现自己,不喜欢老师,不喜欢学校等等。

有学习方面的问题。例如,不爱学习,学习成绩总是不能令人满意,或者成绩不稳定,排名落后,排名波动,不喜欢学习乐器等等。

也有其他方面的某些不尽如人意的表现。例如,过度沉迷于电子游戏,做一些危险的、对自身安全有伤害的事、早恋等等。

孩子们的这些行为表现,有些是从小逐渐形成的,有些是在特定成长阶段(例如上小学之后或是进入青春期之后)才出现的。有些行为可以在家长、学校的监督和管教下得以纠正,有些行为却像是弹簧一样,在高压管制下有所收敛,一旦压力减弱就迅速反弹,而有些行为则是越管越糟,越施压越逆反……

孩子们的这些表现,让众多家长头痛不已,焦虑万分。

第二节　家长们在渴望什么?

为了能够让孩子们健康地成长,家长们非常渴望能够掌握一些行之有效的教育方法和技巧。

有些家长渴望得到孩子的理解和接纳:他们渴望知道如何说服孩子,如何让孩子听话。

有些家长渴望孩子能够成为一个积极向上的人:他们渴望知道如何让孩子爱学习,如何让孩子积极主动地做事,如何让孩子形成良好的性格。

有些家长渴望为孩子争取一个良好的成长环境:他们渴望知道如何让孩子进入一所好的学校,如何让孩子能够拥有一个好老师、好班主任……

有些思考深刻的家长,渴望改进与孩子的沟通,从而改善与孩子的关系,渴望知道如何使孩子培养好的品格,如何帮助孩子树立正确的价值观……

总体来说,家长们所渴望的,通常都是如何解决孩子们已经出现的问题,如何纠正孩子们在家长心目中"不正确"的行为表现。也就是说,**家长们渴望的,是解决孩子所存在的问题的方法**。

第三节　家长们该如何选择?

对于渴望解决各类亲子教育问题的家长们来说,来自国内国外各种流派的、千差万别的、有些甚至是相互矛盾、相互对立的教育理论、育儿方法和育儿经验却常常使得家长们陷入难以甄别、难以取舍的尴尬境地。

例如,有些家长以中国的传统文化来熏陶孩子。近年来出现的国学热就是代表。许多学堂向孩子们讲授《三字经》《弟子规》等传统文化,教育孩子们从古人总结出的训诫中学习做人与做事的道理。

有些家长则以西方的教育体系来培养孩子。现在有越来越多的家长把孩子送进国际学校,希望孩子们从小就接受西方的教育,从小就与国际接轨,将来成为国际型人才。

有些家长以"虎妈狼爸"式的教育方式培养出了表现优秀的孩子,印证了"压力变动力"的结果。

而有些家长则以"自由放养"的方式也培养出了表现优秀的孩子,展现了"放手就是爱"的成功。

纵观天下,每种教育流派的理论体系和实操方法都有理有据,而每位成功家长的鲜活案例也都令人惊叹。总之,各种标新立异的理论,各类形形色色的案例,让那些渴望取得"真经"的家长们不知所措、无从效仿。

如此看来,家长们所面对的,是纷繁多样的、令人眼花缭乱有时却相互冲突的理论和经验之谈。

常言道: 解铃还须系铃人。要想真正有效地做好孩子的教育,最重要的还是要靠家长自己。家长在家庭的亲子教育当中扮演着极为重要的甚至是最为重要的角色。

那么,到底是否存在着符合中国家庭现状的、实用的亲子教育方法? 如何才能够找到这样的亲子教育方法,以帮助家长们顺利地做好亲子教育,解除家长们在拼搏自身事业之时的后顾之忧?这些问题都是众多家长非常渴望得到答案的。

针对这些众多家长都非常渴望得到答案的问题,本书将为家长们提供一整套比较系统和全面的分析与解读。

第二章

亲子教育的"金字塔法则"

你无法在问题产生的同一个思维层面上解决这个问题！
—— 爱因斯坦

伟大的科学家爱因斯坦曾经说过:"你无法在问题产生的同一个思维层面上解决这个问题。"

那么,面对纷繁复杂的亲子教育问题,当家长朋友们在"方法层面"上苦苦寻求而不得其解时,是否还存在着其他能够帮助我们找到解决方法的"层面"? 我们怎样才能够找到这些层面呢? 我们又应当如何深入到那些层面上更好地解决亲子教育的种种问题呢?

第一节　亲子教育的根本是什么?

常言道:"家和万事兴。"此处的"家和",指的是全体家庭成员的和谐相处与和睦往来,其中也必然包括家长与孩子之间的"和"。从古至今,随着时代的进步、社会的发展、生活节奏的加快和生活压力的加大,这个"和"的结果对家庭的当下与未来的幸福都产生着越来越直接、越来越重要、越来越深远的影响。

说它直接,是因为没有哪个家长可以摆脱自

己对孩子教育的责任以及教育的后果,即使孩子已经从家庭迈进了幼儿园,即使孩子远离家长已经上了大学,家长对孩子的教育责任依然责无旁贷。

说它重要,是因为孩子教育的成功与否,对孩子所在的家庭、对与这个家庭相关的其他人以及对这个家庭所处的环境和社会,都会产生形式各异、程度不等的影响。

说它深远,是因为家长对自己孩子实施教育的方式和结果,不仅会对这一代孩子的成长和人生产生影响,而且会对第三代甚至更远的后代产生影响。在现实生活当中,我们经常会看到,年轻父母在教育孩子时,常常会不自觉地沿袭自己小时候受到的自己父母的教育方式。这种沿袭下来的教育方式却未必适合新时代里孩子的成长,需要与时俱进地改进和提高。

人们越来越认识到,亲子教育是家庭幸福和谐当中一个不可或缺的重要成分。它不仅关系到孩子的成长,也关系到家长自身的生活和事业,关系到亲戚之间、邻里之间的交往与和睦，关系到家庭与学校、家庭与社会的交流与互动。再往远里说，关系到我们未来将要生存其中的世界，而这个未来的世界将由我们的下一代以及下一代的后代们来主导。

自从孩子出生时起，家庭便成了孩子人生当中的第一所学校。在长大成人、步入社会之前，每一个孩子都别无选择地要在这所学校里学习人生的第一堂课。虽然这所学校不给任何一个孩子颁发合格证书，但是每一位孩子是否真正已经合格地从这所学校毕业，最终都必须经受社会的检验，由社会来做出评判。

因此说，亲子教育越来越成为一个不容忽视的家庭问题和社会问题。

第二节　您所不知道的"金字塔"

管理学上有一种理论，强调做好一件事情必须要兼顾两个方面：既要**做正确的事**（do right

thing)，也要**正确地做事**(do thing right)。前者关注的是做事的方向，后者关注的是做事的方法。两者必须兼顾，缺一不可。如果方向不对，那么方法、技巧用得再多，也不可能做好这件事。同样，如果方向正确但是方法不恰当，也未必能够达到所预期的效果。不过，相比之下，方向性错误所造成的损害要远远大于方法性错误所造成的损害。

我在第一章里讲到过，有许多的家长焦虑的是孩子们种种不尽如人意的表现，渴望的是行之有效的解决方法。然而，正如外国谚语所说的，"You don't know what you don't know."（你不了解自己的未知之处）。众多纠结、迷茫的家长们，他们其实不知道，如果把亲子教育看作是一个完整的系统的话，那么他们所关注的"现象"和"方法"仅仅是整个系统中最容易被看到和最容易被关注到的属于表面上层的层面。但是，许许多多的家长们都忽视了这个系统当中的两个更加重要的层面——"关系"和"观念"，而这两个层面都属于更加基础的根本层面。

这里所说的"关系",指的是在孩子从出生到成为法律意义上的成年人的整个成长过程中,家长与孩子之间的关系定位。这个关系定位,由于千百年来受到中国传统文化以及现代社会发展的影响,一直困扰和误导着世世代代的中国家长。我们常见的误区有以下几种:

有些家长,将孩子当作自己的附属品、从属品,以包办、专制的方式教育孩子,不仅为孩子成长中的一切做决定、做安排,而且在孩子长大成人之后,还要插手为孩子的小家庭决定一切,甚至在对第三代的教育上依然固执己见;

也有些家长,以忙于事业为由,将孩子甩给幼儿园、学校、其他家人或是保姆去抚养和教育,自己对孩子的教育疏于参与、疏于过问,成为典型的只生不养式的家长;

还有些家长,常常视自己的心情和状态来对待孩子,时而宠爱有加,时而针尖对麦芒,使得孩子在成长过程中得不到稳定持续的关心和关爱。

上述种种不恰当的关系定位,是造成亲子教

育方式不得法、效果不理想的重要原因。

比"关系"更深的一个层次，是育儿的"观念"。简单地说，就是"要把孩子培养成什么人"的观念。我们的育儿观念，更是自古就经受着传统文化的影响，并且在现代社会的经济、文化等因素的影响下，不断发生着碰撞、冲击、交融和割裂。这些深深隐藏在人们脑海深处的观念，决定了世世代代家长们的亲子关系、育儿方法和育儿结果，并且构成了一座无形的"亲子教育金字塔"最基础的底座。

图 2-1　您所不知道的"金字塔"
由表及里的"金字塔"式分析过程

然而，非常令人遗憾的是，大多数的家长只关注了金字塔上部的两个层面——"现象"层面和"方法"层面,为"现象"而焦虑,为"方法"而纠结,却忽视了构建和支撑整个金字塔的两个更加基础、更加重要的层面——"关系"层面和"观念"层面。这样的舍本求末,就使得亲子教育变得缺乏根基、骨架松散、支撑无力。

在我经历过的许多亲子教育论坛或是分享沙龙当中,那些急于向教育专家或是向其他"牛爸""牛妈"询问方法的家长总是占大多数,而能够耐心反思、深度思考的家长却如凤毛麟角。

那么,为什么大多数家长们只愿意把关注点聚焦在方法上,而不愿意做更深刻的思考呢?在一部名叫《我爱露西》(I Love Lucy)的外国喜剧小品中有这样一个情节,可以解释这种现象。丈夫瑞奇回到家里,看到妻子露西正在客厅的地板上爬来爬去,便问:"你在干吗?"露西回答:"我在找我的耳环。"丈夫问:"你的耳环是在客厅里丢的吗?"露西摇了摇头说:"不是,是在卧室里丢的,但是这里的光线更好。"这,就是答案!因为很多的家长们,认为去思考什么亲子关系、教育理念太复杂、太费力,如果能找到快速奏效的对付孩子的方法,混过这一关就好了。

但是,绕不过去的障碍,终究绕不过去。即使你以为暂时绕过去了,它还是会在未来的某个地方等着你,而且那时候的障碍,将变得更加沉重,更加艰险,更加难以逾越。

伟大的科学家爱因斯坦曾经说过:"**你无法在问题产生的同一个思维层面上解决这个问题。**"这句话运用在亲子教育方面就是说,家长们如果要从根本上解决亲子教育中的问题,就必须在比"方法"更加深入的层面上进行挖掘和反思,找出更深层面的解决方案,以实现亲子教育的真正改善。

通过与众多家长朋友们的交流,以及在许多亲子教育沙龙、亲子教育分享会上的观察,我意识到:如果不构建坚实、稳固的亲子教育"金字塔",家长们就依然会纠结于各类众说纷纭的"方法"和所谓的"技巧",却始终难以实现亲子教育的真正成功,难以实现"家和万事兴"的美好愿望。因此,构建正确的亲子教育金字塔,对于做好每个家庭的亲子教育是至关重要的。

那么,我所说的亲子教育"金字塔"是什么样的呢?各个层面又是如何构成的呢?

如图2-2所示,这个亲子教育的"金字塔"共有四层,自下而上依次是观念、关系、方法、结果。

图2-2 亲子教育的"金字塔"
由里及表的"亲子教育金字塔"构建过程

请注意:我在本书的开头部分讲述家长们的焦虑时,用的词是"现象",因为"现象"是我们对亲子教育问题进行分析和解决的起始点。当我们由"现象"层面向深层进行分析直到"观念"层面,完成了这个由表及里的金字塔式分析过程,我们就得到了关于亲子教育相关问题的"病历诊断"。接下来,我们就可以有针对性地着手构建完整稳固的亲子教育"金字塔"了。这个构建过程,是一个从最基础的"观念"层面,由里及表地逐层向上的过程。当我们完成观念、关系、方法层面的搭建之后,我们就能够最终收获亲子教育的"结果"。

这种按照自下而上的顺序构建起的金字塔,顶层上的结果与我们当初开始做分析时的那个现象已经截然不同了。这个结果才是基于正确的育儿理念而得到的令孩子和家长们都满意的结果。

既然这个四层的金字塔有着明确的自基础而顶层的顺序,那么,各个层面之间存在的相互关系是怎样的呢?其实插图已经清晰地展示了它们之间的关系,我这里再用简短的三句话来描述一下,就是:观念决定关系,关系决定方法,方法决定结果。这四个层面,既不能缺失任一层面,各个层面的顺序也不能错位,否则就会在亲子教育上出问题,就无法生成最高层面上那个正确的结果。理清了这四个层面的位置和关系,再来解决那些困扰着无数家长的问题,就会使思路更加清晰,实施起来也更加容易得多。

中篇
搭建您的
育儿"金字塔"

第三章

确立育儿观念

结果　方法决定结果

方法　关系决定方法

关系　观念决定关系

观念

　　构建亲子教育的"金字塔"，必须要遵从"观念决定关系，关系决定方法，方法决定结果"的规律，依照由里及表、自基础而顶层的顺序，遵循**"确立观念，界定关系，运用方法"**的步骤，最终达到**"享受结果"**的境界。

　　而这座金字塔的第一层，便是至关重要的**确立观念**。这一层是其上方三层的基础，这一层构建得是否端正、是否牢固，将决定其上方的三层是否可靠、是否符合亲子教育的目标。

第一节　育儿的观念

　　亲子教育"金字塔"的第一层，是我们所说的育儿观念，它是整个育儿体系的基础理念。本人不是以教育专家的视角，而是以一位家长的视角，从家长对孩子成长的期待这一角度，将亲子教育的观念做一个简单的归纳和分类。

　　简单来讲，中国人的教育观念有以下三种。

　　一种是"望子成龙（望女成凤）"型。持有这种观念的家长,对孩子的未来寄予了很高的期望,希望自己的孩子能够全面发展、出类拔萃、出人头地、前程似锦……当然还有很重要的——光宗耀祖!以此观念来为孩子造就一个美好的未来,让作为家长的自己充满成就感,给自己以及家庭增光添彩。这种教育观念,源于中国古代的教育体系,并且已经被中国人世世代代地传承了数千年,得到了最广泛的认同和实践。然而,为了实现成龙成凤的目标,整个家庭必然要举全家之力,为孩子的成长施以很高的投入——包括时间的投入、资金的投入、家长人脉等资源的投入……这样的高投入,不可避免地要带来对高回报的期望,因而也就不可避免地给孩子造成巨大的学习负担、时间负担、社交负担甚至健康负担和精神负担。一旦孩子没有达到家长所期望的结果,整个家庭都会产生自我责备和相互责备,陷入沉重的挫折感、失败感、悲观情绪、厌世情绪,甚至会衍生出社会问题乃至违法犯罪行为。

另一种是"望子自由"型,是近年来从欧美

等发达国家效仿而来的教育观念。主张给予孩子充分的自由，让孩子尽情地发挥自己的想象力，自由地发展自己的兴趣爱好，不给孩子施加沉重的学习负担，让孩子有充足的玩耍时间，轻松快乐、无忧无虑地成长。这种教育观念，随着出国拼搏的父母越来越多，随着出国留学的孩子越来越多，随着发达城市国际学校的增加，随着各种各样的国外教育机构向中国推进的早教、少教课程以及青少年训练营、成长营爆发式的增长，正在得到越来越多中国家长的接纳和追捧。然而，这种对孩子不施以压力的教育，难免会使得在低压力环境下成长的孩子们失去奋力拼搏的动力，非常不利于培养孩子承受未来现实生活压力的能力。一旦孩子遇到陌生的、充满压力的环境，很可能就会不知所措、无法应对，或是发生误判，做出错误的反应，给孩子本人及其相关的人群造成意想不到的麻烦和伤害。

　　以上两种观念，尽管出发点都是为了把孩子

教育好,但在各自的观点和方法上都存在着明显的差异甚至是对立的矛盾。

经过 20 多年的育儿实践和反思,我认为我们应该秉持一种理性的、可行的教育观念,我将它定义为"望子成人"的观念。也就是说,把孩子培养成为一个不仅是法律意义上的成人,而且是一个最终能够不依赖于父母、具备独立的社会生存能力的成人,孩子有自己的朋友圈,有自己的兴趣爱好和特长,有自己对未来的规划,有自己的幸福小家庭,有自己与时俱进的教育孩子方式等等。不仅如此,家长们还需要明确,孩子的存在,应该是展现孩子自身的价值,而无须为其他人(包括家人)承担名誉或财富方面的责任。

由于"观念"是亲子教育金字塔的第一层,是决定上方各层面是否端正、是否牢固的关键所在,因此,只有解决好这个层面的问题,才能够依次构建以上的各个层面,解决在以上各个层面上出现的问题。

第二节　育儿的目标

当我们要完成工作当中的某件任务或是要完成生活当中的某件事时,通常我们都会先明确一个目标,然后实施一系列的行动计划去达成这个目标。如果我们对自己要做的事没有一个明确的目标,那么就不知道自己到底要走向哪里。

亲子教育也是如此。在明确了"望子成人"的育儿观念之后,家长们就需要对孩子的培养树立一个具体清晰的目标。这个目标就是:在养育孩子、与孩子共同生活学习的过程中,家长要在孩子的不同成长阶段,通过各种有效的方式,逐步教育和引导孩子形成健全完整的人格,指导孩子逐步培养出正确地、独立地处理各类问题的思考能力和行动能力。

这是一个亲子互动的过程,既需要孩子的学习和接受,也需要家长对孩子的不断辅导,尤其是家长的言传身教。

这样的育儿目标,并不是要把孩子培养成家长所期望的某个人,而应当是把孩子培养成为他/她自己所期望要成为的那个人;不是要让孩子如何成龙成凤,如何出人头地,如何光宗耀祖,而是要把孩子培养成为那个最好的自己,成为一个具备**独立人格地位**和**独立思想**、具备适应社会发展的**独立生存技能**、拥有志同道合的朋友、为社会创造价值和资源、为社会**传递正向能量**的人。

第三节 育儿成功的标志

还是以工作目标和生活目标为例。假如我们有了目标,却没有一个能够衡量自己是否达成目标的检验标准,那我们就无法知道自己到底做得怎么样,甚至都弄不清楚怎样做才能够达到那个目标。

亲子教育也是如此。确立了育儿的目标之后,还需要弄清楚如何衡量我们是否将孩子成功地教育"成人"了。这是一个非常重要的、必须要弄清楚的问题。如果不清楚这个衡量标准,就无法确定是否实现了那个目标,并且难以在实现目标的过程中发现是否出现了偏差或失误,也就难以对实现目标的过程进行及时修正。

作为家长,我们如何来衡量自己育儿是否成功呢?衡量的标志和衡量的时间节点又是什么?是孩子以优秀的学习成绩考上理想中的大学?还是在国内国际大赛中取得优异成绩?是具备出众的文艺才华或者体育特长?还是获得高级别的国内国际奖项?是成为某个科技领域的专家?还是成为商界的成功人士?或是成为一个拥有平稳安定岗位的国家公职人员?

在我看来,孩子在成人以后走什么样的路,结交什么样的朋友,从事什么样的职业,去哪里生活和发展,与什么样的人组建家庭,都应该由孩子自己去选择去决定。当然,前提是孩子已经具备独立思考、明辨是非、自主行动的能力。而作为家长,其责任就在于,在孩子的成长过程中引导教育孩子学会如何明辨是非,如何判断对错,如何待人接物,如何权衡利弊,并且锻炼和培养孩子独立解决学习、生活以及工作中各种具体实际问题的能力。

因此，我对于育儿成功的衡量标准，就是在孩子成人之际，家长能够放心、放手，孩子不再需要家长替他们决定一切，而是能够充分具备**自我觉察**、**自我管控**、**自我规划**的能力，能够把一切的"要TA做"，变成"TA要做"，能够自主决定并积极达成自己的人生目标。

自我觉察，是指孩子对自己的优势和不足有清醒的了解，知道自己想要什么不想要什么，知道对什么有兴趣对什么没兴趣，知道自己拥有什么不拥有什么，知道自己擅长什么不擅长什么……

自我管控，是指孩子能够管理和控制自己的期望、行动以及对外界的反应。对自己内心渴望的东西，能够定下心来，努力坚持；对自己不想要的东西，能够坚定地拒绝，而不是随波逐流，人云亦云。

自我规划，是指孩子能够根据自身的优势和不足，回应自己内心的渴望，为自己制订一个切实可行的目标——哪怕是一个阶段性的短期目标，然后根据这个目标制订具体的行之有效的行动计划，并且监督自己的执行。

如果孩子在成人之际能够实现上述三个"自我"，做家长的就可以欣慰地享受育儿的成功了。

第四节　育儿成功的路径

古人云：十年树木，百年树人。孩子的教育并非一招一式就能够见效，也不是一朝一夕就可以大功告成的。要想让植株的枝干长得扎实健壮、花朵开得艳丽、果实结得丰盛，就必须给根部浇水和施肥。那么，育儿要从哪里做起？又如何做起呢？

养育孩子成人，是一个漫长而操心的过程，如同培养一株珍稀品种的花。许多认真的家长们为孩子设定了各种特定的目标、规划了详细的培养方案。而孩子在成长过程中所取得的各项成绩和荣誉，都被家长们视为自己的成功和荣耀。例如，孩子在班级、年级考试中取得了遥遥领先的排名，孩子在某些才艺表演比赛中获得了优异的成绩，孩子考取了某个令人羡慕的重点学校，孩子在某些社会活动中获得了丰厚的奖励和崇高的荣誉。家长们为孩子的这些成绩和荣誉感到欣慰和自豪，并以此作为育儿成功的标志。

然而，随着"药家鑫杀人事件""复旦博士生投毒事件""明星子女犯罪事件""赴美留学生虐待同学事件"的发生，人们逐渐意识到学习成绩、学历水平、才艺特长、留洋镀金等成就并不能代表一个人已经具备了优秀的素质和高尚的品格，貌似"优秀"的人当中也会产生危害社会的罪犯。

因此，培养孩子，应当像培养花朵那样，把功夫下在对根的滋养和守护上。让根扎得深、扎得牢，枝干才会立得正、挺得直，叶子才会长得茂盛，至于枝头的花，无论是早开还是晚开，大开还是小开，多开还是少开，都将因为养分充足而璀璨艳丽、繁花似锦。正所谓根深方能枝繁叶茂、花团锦簇。反之，如果一味地把心思放在"如何让花开得快、开得多、开得艳",却忽视了对根的养护,那么,根基松懈的植株就不会有挺拔的枝干,就不会有繁茂的绿叶,即使开了花也是缺乏养分,难以持久的。这样的例子,数不胜数,想必家长们都已经耳熟能详了。

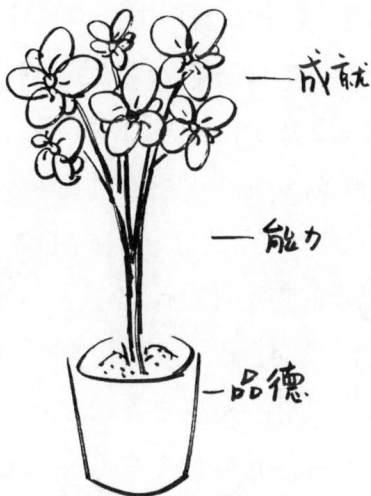

图 3-1 养孩如养花

所以说,养育孩子,品德的培养要远比各种技能的培养重要得多,也就是我们成年人常说的**先学做人,后学做事**。

这里还要强调**很重要的一点**,就是孩子的品行和价值观应当从儿童和少年时期,也就是学前和小学阶段就开始培养,而不能等到进入中学阶段之后才开始培养。古人所说的"三岁看大,七岁看老",指的就是要在儿童和少年时期着力将孩子的"三观"(即价值观、人生观、世界观)以及品行修养培养成型。如果在孩子的这个阶段错失了"三观"和品行修养的正确养成,那么到了后续的年龄阶段,再想纠正孩子在这些方面的不当和错误,难度就会大得多,并且效果也会差得很多。所以说,家长对于低年龄孩子的行为习惯、礼貌、待人接物等方面的表现,切不可抱有"小孩子不懂事,等到大了就会变好"的心态,否则会悔之晚矣!

了解管理学的人都知道 SMART 原则——"Specific 有特定目标的","Measurable 可衡量的","Attainable 可实现的","Relevant 有相关人的","Time-based 基于时间的"。我在本书中介绍的几个育儿要素,其实都对应着 SMART 原则中的各项要素:

望子成人,对应的是育儿目标 S;

自我觉察、自我管控、自我规划,对应的是育儿成功的标志 M;

先学做人、后学做事,对应的是育儿的实现路径 A;

家庭是孩子的第一课堂,对应的是相关人 R;

三岁看大、七岁看老,对应的是特别关键的育儿时期 T。

这个广为人知的 SMART 原则,对于懂得管理学的家长朋友们来说,等于又多了一个能够在亲子教育中加以活学活用的工具。

第四章
界定亲子关系

亲子教育"金字塔"的第二层，就是家长与孩子之间的关系定位。

可能会有家长觉得，亲子关系还有什么定位不清的？许多家长会认为：

"孩子是我的骨肉，我辛辛苦苦地养育着孩子，当然也肯定是这个世界上跟孩子最亲近、最亲密的人了！"

"我对孩子不仅有出自内心的爱，而且还有实实在在的行动。"

"我要无微不至地关心孩子的冷暖，要紧密陪伴在孩子左右，不让孩子受到任何委屈或伤害。无论孩子长到多大、走到何方，我都要陪伴在孩子身边。"

"难道除了亲人关系，我跟孩子还有其他关系不成？"

先别急，您接着往下看，就会发现亲子关系还真不是您理解的那么简单了。

在我的孩子进入重点高中读书的第一年，我有一次在跟我的 MBA 同学聊起亲子关系时，灵机一动,用了一个很形象的例子来比喻家长与孩子的关系——那就是"游泳教练与游泳学员之间的关系"。

第一节　游泳教练与游泳学员的关系

游泳教练与游泳学员之间的关系,大致可以分为如下四个阶段。

第一阶段,在学员对水怀有恐惧心理、对游泳一无所知、过分担心自己下水会有生命危险的时候,教练首先需要确保学员的生命安全,帮助学员学会借助保护措施(例如游泳圈),了解水的特点,克服对水的恐惧,学会一些简单的呼吸和漂浮、划水的动作,掌握游泳的一些基本要点。

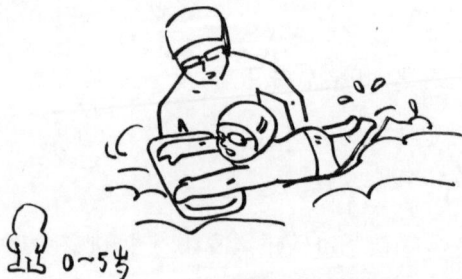

图 4-1　学游泳的第一阶段

第二阶段,在学员克服了对水的恐惧,学会了一些基本动作,开始要尝试自己游动一小段距离时,教练便会稍稍远离学员一点,让学员自己练习划水、蹬水、憋气、滑行等动作。在这个阶段,教练与学员的距离,大约是扎一个猛子就可以够得到学员的距离,以保证在学员面临突然发生的危险时,教练可以迅速接近学员,施以援手。这样的距离,既让学员有了自己练习、尝试的机会,又能够保障学员不受到致命的伤害。这时候,即使学员呛了一口水,学员自己也能够及时处理和调整,在小挫折小失误中掌握和熟练各项基本技能。

图 4-2 学游泳的第二阶段

第三阶段，当学员已经熟练掌握了基本的游泳技能和避险自救技能之后，具备了更多的自信心和更远的目标，当然也就希望能够有独自练习的机会。在这个阶段，教练就不再需要紧紧跟在学员身边，随时准备出手相救或是指手画脚地指导了。这个阶段的教练，可以与学员分开更大的距离，甚至可以踏上泳池的岸边，但是仍然需要确保学员在教练的视线范围之内，以便可以观察学员的泳姿、路线还存在哪些问题，可能会出现哪些突发情况，适当地给学员一些提醒，或是与学员一起讨论总结一下，给学员提出一些建议，帮助学员进一步提高和熟练。这时候的学员，可以尝试游向更远的距离，学会自我纠正泳姿方面存在的不当，学会避让自己泳道上的其他泳客，不再时时刻刻需要教练的指令和叮嘱，却依然可以根据自己的实际需要向教练请教一些难度更高的问题。

第四阶段，当学员已经完全掌握了各项必要

图 4-3　学游泳的第三阶段

的游泳技能、避险自救技能，能够辨别水中的安全
形势，并且开始学习与水中的其他泳客相互调整
各自的位置和路线以做到既不引发危险又能体验
愉悦的时候，学员的正式学习过程就结束了。学
员已经完全具备了在水中独立游泳的能力，并且
可以根据自己的意愿，决定游泳的方向、姿势、距
离和时间。进入这个阶段，教练和学员都变成了
各自独立的泳客，教练就应该放手而不必再继续
紧盯着学员不放了。教练既可以体验自己游泳的
乐趣，也依然可以在学员遇到真正危险的时候变
身为救生员，为学员提供必要的救助；而学员也已
经能够在水中独立畅游，并且因为有救生员的存

在,学员的安全依然可以得到保障。

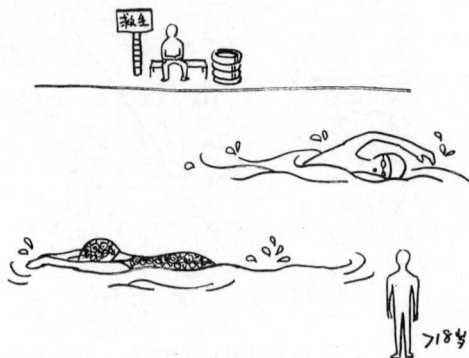

图 4-4　学游泳的第四阶段

第二节　家长与孩子的关系

从游泳教练与游泳学员之间的关系变化,家长朋友们有没有发现,他们之间是一种动态变化,逐渐放手、渐行渐远,直至"单飞"的关系?

让我们来看看,如何把家长与孩子之间的关系同游泳教练与游泳学员之间的关系做一番对应。

第一阶段,相当于孩子从 0 岁到 5 岁的学前阶段。这个阶段的孩子,最关键的需求是自身的安全感。尽管孩子们自己的安全意识还很薄弱,然而由于他们对未知的、陌生的甚至是危险的人、事物和环境缺乏辨识能力,因此容易受到陌生人或者陌生环境的伤害。这个阶段的家长,首先需要确保孩子的生命安全,要确保孩子在家长能够施以保护的范围之内,同时还应当引导和帮助孩子学会辨别危险,提醒孩子远离危险。

然而,遗憾的是,有许许多多的家长非常大意地忽视了对这个阶段孩子的保护,任由孩子独自在有危险的场所玩耍,任由孩子独自出门行路。那些在家中被利器刺伤、被开水烫伤,或是在公共场所从高处坠落、被大门夹伤、被汽车撞伤,或是在户外被人贩子拐骗、被犯罪分子侵害的孩子,大多是在这个阶段受到伤害的。主要的原因,就是家长当时只顾忙自己的事而没有尽到监护人的责任。孩子发生的任何意外,家长都负有不可推卸的监护责任。因此,这个阶段孩子的家长,应当把自己定位成孩子的保护者,对孩子施以悉心的呵护,切不可掉以轻心!

除了人身安全,这个阶段的孩子在心理上对家长也很依恋,渴望家长的陪伴和关爱。对于孩子在这个阶段表现出的对家长的依恋或者依赖,家长不应当拒绝,而应当尽可能地花时间与孩子相处,陪伴孩子一起生活,一起出行,一起玩耍,给予孩子心理上的安慰。这个阶段的亲密陪伴,还能够为后续阶段的逐步放手做准备。孩子在最需要家长陪伴的阶段,心理上的需求得到了满足,对性格的培养和与外人交往能力的训练都是有益的。

此外,孩子对家长依恋性的强弱和时间长短,在每个孩子身上的表现是因人而异、各不相同的。对那些比较"黏"家长的孩子,家长不要不耐烦,也不要拿自己的孩子跟别人的孩子比,以为自己的孩子成长滞后、心智发育迟缓,从而产生焦虑情绪。家长们应当保持耐心,认真地度过陪伴孩子的这段关键时期。我赞成那种认为"父母是有保质期"的观点。如果在孩子最需要家长陪伴的阶段家长却没能够给予充分的陪伴,那么在孩子以后的成长阶段里,家长想要补偿也补不回来了,或许那时候的孩子已经不再需要家长的陪伴,或者心理上已经疏远了家长,甚至还可能因为童年时代缺少家长的陪伴而给孩子留下孤独、无助、胆怯、封闭的心理阴影。

第二阶段,相当于孩子在小学的阶段。这个阶段的孩子,开始步入了比较正式的集体生活,开始学习与自己的同学们进行交往,想要尝试各种新鲜事物的欲望也逐渐变得强烈起来。

这个阶段的家长,应当开始创造一些让孩子自己尝试、自己学习的机会。要允许孩子犯一些不会造成严重后果的小错误,让孩子在试错中逐渐成长起来。这个阶段家长与孩子的关系,应该相当于辅导者与被辅导者的关系。家长不必事事都为孩子做周密的安排,更不必代替孩子做各种本该由孩子自己做的事。例如,吃饭、穿衣服、整理书包、在学校做值日等等。家长从这个阶段起,应当有意识地开始逐渐拉开与孩子的距离,只在孩子面临真正的危险,或是发生孩子自己不能承担后果的行为时,才出手指点、帮助或解救孩子。这种辅导者与被辅导者的关系，既让孩子有了自己学习和尝试的机会，又能够避免孩子造成严重的失误或受到严重的伤害。即使孩子犯了一些非原则性的小错误(在第五章中会专门介绍如何给孩子制订行为准则)，孩子自己也能够及时处理和调整，并且在这些小挫折小失误中学会掌握更多的社会生存技能和人际交往技能。

然而，令人遗憾的是，这个阶段的某些家长，除了紧盯孩子的学习之外，还自作主张地为孩子报名参加一些才艺培训班，使得孩子在承受校内繁重的课程之外，不得不占用自己宝贵的休息和娱乐时间，奔波于各个课外班、兴趣班。这些家长的初衷是好的，本意是为了培养孩子的艺术审美观，让孩子将来做一个有文化、有品位的人。但是，如果没有认真了解孩子对这些才艺是否真的有兴趣、是否真的有天赋，反而会使孩子产生厌烦情绪和抗拒心理。正确的做法，应当是多注意观察孩子对各种业余活动的兴趣和表现出来的禀赋，与孩子探讨和交流如何培养自己的业余爱好并且能否坚持下去,帮助孩子选择自己真正感兴趣又能够学有进步的文体项目,让孩子能够体验到进步带来的快乐和成功带来的自豪。

第三阶段,相当于孩子的初中和高中阶段。孩子到了这个阶段,开始形成越来越强烈的自我意识,开始建立和维护自己的隐私空间,同时更加渴望他人尊重自己、理解自己,渴望自己能够更多地对于关乎自己的事情做出决定,能够更多地对于与自身相关的事物施加影响。

这个阶段的家长,就不再需要时刻围绕在孩子身边,不再需要对孩子的生活和学习进行事无巨细的关注和参与,更不应当包办那些本该由孩子自己做的决定和本该由孩子自己做的事情。家长应当像一位站在泳池岸边的教练一样,将自己与孩子的距离拉得再大一些,应当更多地放手,给孩子更多自己观察、自己学习、自己反省、自己进步的机会。

大多数孩子在初中期间就步入了青年(14岁)的年龄阶段,并且在高中阶段步入成年(18

岁)的年龄阶段。作为这个阶段的家长,应当在孩子步入成年阶段之前,教会孩子如何辨别大是大非,如何与人交往,如何在实践中学习和提升自己,如何融入社会,如何做一个社会发展所需要的人。同时,家长自己还应当从心理上做好孩子已经逐渐长大、即将转变为成人并且将会与家长渐行渐远的思想准备。家长应当把孩子的长大成人看作是一件值得高兴和欣慰的事。

第四阶段,当孩子年满 18 岁,步入了法律意义上的成人阶段,就意味今后孩子在社会上有了独立的身份和地位,对于自己的一切行为要承担相应的法律责任;也意味着家长经过 18 年的辛苦努力终于完成了一项重要的使命。

进入到了这个阶段的家长,就应当清醒地认识到,在孩子成年之前,该做的教育都已经做到了。现在孩子成年了,家长应当尊重孩子自身的生活和成长,放手让孩子在社会上闯荡,而不必再围绕在孩子身边耳提面命、指手画脚,更不应该在孩子成年之后还在找工作、选配偶等重要事项上一味地插手、越俎代庖甚至独断专行。孩子成年之后，孩子与家长都变成了各自独立的个体，家长应当以更多地关注自身的生活和事业来取代以往对孩子的关注；还应当尊重孩子小家庭的每一位成员，以邻里关系的方式与孩子的小家庭来相处，并且依然可以在孩子需要帮助的时候施以援手，尽一份力。不是有那么一句话吗，"距离产生美"！

现在，我们看到了家长与孩子之间的关系，同游泳教练与游泳学员之间的关系，存在着高度相似性。它们都是一系列动态变化的，逐渐放手，渐行渐远直至"单飞"的关系。在科技越来越发达、交通越来越便利、人员流动越来越自由的现代社会里，家长与孩子的渐行渐远已经成为不可否认和不可抗拒的客观事实。所以，家长们应当以开放平和的心态正确地看待和接受这样的事实，这样才能顺利平稳地度过亲子教育的各个阶段。

近年来，随着"教练技术（Coaching）"逐渐被引入中国，作为一种职业的"父母教练（Parenting

Coach)"以及作为一种亲子教育方式的"教练式父母(Parent as Coach)"也在蓬勃兴起。前者是做父母们的教练、为父母们提供亲子教育的辅导;后者是培训父母们掌握教练式的亲子教育技巧。相信这些职业和技能都能够帮助中国的家长们提升亲子教育的能力和效果。

第三节 亲子关系中的核心要素

要素一:平等

讲到这里,我必须要重点强调一下家长与孩子之间关系的一个非常重要、特别重要、极其重要的核心要素,那就是——**平等**!

在中国几千年的传统文化当中,等级观念一直深深地扎根在大众的处世理念之中。即便是在家庭这个最小的社会单元中,"三纲五常"的意识总是若隐若现地影响和左右着家庭成员的地位、关系和交往方式。在封建时代的特定历史条件下,孔子提倡的孝道家教和社会教化,其目的在于

"移孝作忠",使伦理道德直接转化为政治道德。这些思想观念是中国封建社会以家庭作为天下之本,以小农经济作为社会生活重心的产物。然而,在迈进信息化时代的今天,昔日家庭成员之间森严的等级关系也应当与时俱进地随着时代的发展而改变,不应当再以辈分大小、年龄长幼来确定教育者和被教育者的尊卑高下。虽然家长和孩子在家庭中的角色不同,但是他们的人格地位是平等的。因此,家长应当时刻意识到并且做到以平等的态度和方式对待孩子,也就是以平等作为确定家庭成员关系的核心要素。从另一方面来看,尽管孩子的生命是父母给予的,但是当孩子一来到这个世界上,就已经不仅仅属于这个小家庭,而是属于整个社会,就已经是一个有独立身份的社会成员、一个小小的社会公民。家长对孩子所做的一切,不仅是在为自己小家庭的成长而付出,而且还在为社会培养一名合格的公民尽一份责任和义务。从这个角度来看,孩子虽然比家长出生晚、比家长年龄小,但是孩子的社会地位与家长是完全平等的,不存在高低尊卑的地位差别。

如果做家长的能够认同这个理念并在与孩子的交往中加以注意,那么,这对构建一个稳固美好的亲子教育"金字塔"将起到举足轻重的作用。我会在第五章第二节"与孩子沟通的平等原则",进一步说明平等的重要性。反之,如果"关系"这一层面没有构建好,家长与孩子的关系没有理顺,那么,"关系"层面之上的"方法"层面就难以得到有效的构建,家长就会陷入乱抓方法却事倍功半的窘境。

要素二:界线

"界定亲子关系"这个词,是我在经过仔细斟酌后才决定使用的。为的就是使家长们知道,家长(包括父母、祖父母等)与自己的亲骨肉之间,也应当是有界线的。现在的社会正在走向信息化时代,年轻人获取知识与信息的方式和速度,远远超过他们的前辈。不仅如此,现代社会的公民意识,也逐渐在年轻一代的心中萌发和形成。他们不再把自己当作是家长的附属,他们从很小年纪就开

与孩子讲话时，请保持目光平视

图 4‑5　与孩子保持平等的姿态

始追求自我和独立,需要属于自己的独立空间,需
要别人尊重他们的观点、能力与行事风格。这些
都是孩子们在成长过程中自然而然地逐步形成的
观念。作为家长,不应当再继续固守数千年沿袭
下来的陈旧家庭观念,认为家长就是应当掌控孩
子的一切;孩子的一切都应当让家长知道、由家长
决定;家长想要给予孩子的,孩子就必须接受;家
长反对的事,孩子就不可以去做;家长不喜欢的

人,孩子就不可以去交往。家长们应当顺应时代的发展,转变自己的陈旧观念,清醒地认识到孩子的成长必将为孩子造就独立的个体空间,而这个空间将最终使得孩子成为一个在社会上独立的人。

图4-6 刺猬法则

在人际交往的实践当中,有一条著名的"刺猬法则",说的是这样一个十分有趣的现象:在寒冷的冬季,两只困倦的又冻得瑟瑟发抖的刺猬因为冷而挤靠在了一起。但是无论如何它们都睡不舒服，因为它们各自身上都长满了刺，紧挨在一起就会刺痛对方，反倒睡不安宁。因此，两只刺猬就离开了一段距离，可是又实在冷得难以忍受，因此就又挤靠在了一起。折腾了好几次，最后它们终于找到了一个比较合适的距离，既能够相互取暖又不会刺到对方。这种现象也影射了人际交往过程中的"心理距离效应"。这个法则对于人际交往的意义，是说人与人之间需要保持一定的空间距离，并且引申为人与人之间还需要保持一定的心理空间距离。而当人际交往的行为使某人感到自己的空间被侵入了的时候，这个人便会觉得不舒服或不安全，便会产生一些负面情绪，例如抗拒、逃避甚至恼怒。前面提到的"距离产生美"，说的也是同样的意思。

有些家长在与孩子的交往当中，一味地以自己的情感和需求出发，以"我这样都是为了你好"的心态，常常是以"我想让孩子怎样怎样"为出发点，要求孩子做这个做那个，或是向孩子问这问那,而完全不顾及孩子的感受。这种做法,在孩子幼小的时候或许还能奏效;然而随着孩子逐渐长大,就会产生所谓的"叛逆"心理,孩子不再心甘情愿地接受家长的指令和质询,从而导致孩子与家长之间产生对立乃至对抗。有些孩子会与家长断绝交流,甚至离家出走。而另一个极端是,家长利用自己在血缘关系上的权威迫使孩子放弃自己对独立空间的诉求,变成一个家长眼中听话的、百依百顺的"好孩子";而孩子在成年之后,却依然像没断奶的孩子一样,凡事都不能自己做主,凡事都要听从家长的决定。这样的孩子,不仅在个人的人生追求上会失去目标,对于自己组建的小家庭,也不能够尽到应尽的责任,还可能会影响到自己和婚姻伴侣与双方长辈之间的相处。

所以说,家长们应当学会把握"刺猬法则",既要使得孩子能够切实感受到家长真诚的关爱,也要考虑到孩子对于保留自我空间的需求,让亲子关系成为一种和谐、舒适的关系。

总之,在清晰界定亲子关系方面,家长们应当做的是：**平等尊重，保持界线，分清需求，逐渐放手**。明确了界线的存在，才能够理顺家长与孩子的关系，才能够在"金字塔"中更高层级的"方法"层面上掌握和运用恰当有效的方法，平稳度过孩子的每一个成长阶段，帮助孩子顺利长大成人，去达到那个令孩子欢欣、令家长满意的"结果"。

第五章

优化育儿方法（上）

—— 以三条育儿原则为"纲"

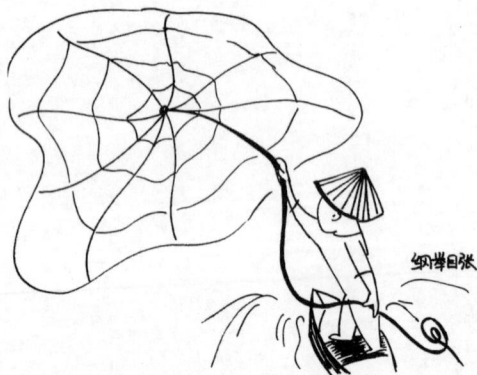

纲举目张

　　构建了亲子教育"金字塔"的第一层"观念"和第二层"关系",我们开始来构建第三层"方法"。家长们读到这里,是不是已经迫不及待了?

　　"快点告诉我方法吧! 我需要很多很多有效的方法来解决那些头疼的问题! 多多益善!"

　　别急! 你可知道,在"方法"的这个层面,还有一个很重要的骨架,那就是——原则。

第一节　原则为纲,技巧为目

　　在参加了不计其数、各种形式的亲子教育沙龙和讲座之后,我注意到一个现象:在那些沙龙和讲座中,家长们通常都很希望掌握教育孩子的各种技巧,却并未意识到比技巧更重要的是原则,而且,在我阅读过的诸多国内外讲述亲子教育的书籍中,介绍的也大多是技巧,难得见到有讲授亲子教育当中基本而重要原则的相关内容。

　　中国有句成语叫作"纲举目张"。纲,指的是一种捕鱼网上的总提绳;目,指的是渔网上不计其数的网眼。这句成语的意思是,渔民在撒网捕鱼时,只要把提绳牢牢地握在手中,以正确的方式把网抛出去,渔网就会被打开,网眼也就全都张开了。这句成语的寓意是,如果你能抓住事物的关键部分,从属部分的各个环节就能够得到顺利的解决。因此,我在育儿的方法层面上特别强调要做到"原则为纲,技巧为目"。

原则,是我们做事应当遵循的准则,是系统化的、逻辑一致的总方针,是指导我们具体行动的纲要和指南。如果我们在实施亲子教育时没有遵循一定的原则,那么我们在选择方法的时候也将会缺乏条理,像抓救命稻草那样,东抓一把,西抓一把,甚至可能会是朝令夕改、前后矛盾的;但是,如果我们明确了要遵循哪些原则,那么无论我们采取何种方法,就都会围绕着这些原则来实施。不仅不会出现大相径庭的偏差,而且还能够保持良好的有效性和持续性。

在本书中,您将会看到我列举的若干条育儿

原则。这些原则是我在过去 20 多年里不断总结和反复运用,并且被实践证明是正确有效的原则。在本章内,先介绍几个我认为在亲子教育当中最基本的但是特别有必要知道和认真把握的原则,随后在第六章介绍方法时还会提到一些辅助的原则。

第二节　与孩子沟通的平等原则

　　家长们在日常教育孩子的过程中,从来都离不开沟通这个手段。沟通,是人与人之间传递信息、表达观点的一种必要方式。越来越多的家长们开始重视与孩子的沟通,并且努力学习与孩子沟通的各种方法和技巧,然而沟通的效果却还是不那么理想。要么是孩子听不进家长的话,要么是家长不接受孩子的辩解,搞得家长与孩子之间经常是针锋相对、水火不容,时常爆发“冷战”或“热战”。现在,本着“原则为纲,技巧为目”的理念,让我们看看在与孩子进行沟通时有什么原则可以遵循。

我们与孩子进行沟通的目的,是要让孩子能够理解并接受家长们给出的观点和建议。为了实现这个目的,最有效的沟通方式应当是采取一种孩子愿意接受的方式。因为,如果沟通方式对了,沟通的通道就打开了,沟通的过程就会顺畅,沟通的效果也会更加理想。反之,如果沟通方式不对,则沟通的通道就不容易被打开。连通道都没打开,沟通的过程怎么能够顺畅?沟通的效果怎么能够实现?

那么,什么样的方式是孩子愿意接受的呢?

在我们成年人的生活当中,男人有铁哥们儿,女人有好闺蜜。哥们儿之间、闺蜜之间讨论问题和交换意见时,各方的地位是平等的,态度是相互尊重的,没有哪一方是以居高临下的姿态对待另一方的。即使一方在对另一方进行批评和劝诫时偶尔会使用严厉的语气,被批评的一方依然能够感觉到批评一方对自己的尊重和真诚,因而也就能够理解对方的爱护和善意,愿意接受对方的建议和批评。

同样,在孩子的成长过程中,尤其是当孩子进入少年时期、青年时期之后,对于被尊重的渴望会变得更加强烈。因此,家长们在与孩子进行沟通时,应当要以孩子能够接受的态度和方式进行沟通。这种态度和方式就是——平等!

因此,我倡导家长在与孩子进行沟通时,应当遵循平等的原则。而这个平等的原则包含了两方面的含义:**心态的平等**和**姿态的平等**。

心态的平等,指的是家长对自己的角色定位。是应当端着家长的架子,以居高临下的心态与孩子沟通,还是应当以一种平等的伙伴式的心态与孩子沟通。换种说法就是,家长在与孩子沟通之前应当先想一想,"假如我是孩子最要好最亲密的小伙伴,我应当以什么样的态度和语气跟孩子讲话?"

姿态的平等,指的是在与孩子沟通时,在身体姿势、讲话的语气、语调甚至用词方面,与孩子保持平等。如今,已经有越来越多的家长在面对身材比自己矮小的孩子时,学会了蹲下来与孩子讲话。这是一种非常好的举动!在将自己的目光与孩子的目光进行平等对视的同时,家长们也将自己的姿态放到了与孩子平等的位置上。以这样的姿态同孩子交流,会使孩子感受到家长对自己的尊重,使孩子感受到自己在被家长倾听,孩子也就不再有那种受到压抑和指责的感觉。除了在身体姿势上与孩子保持平等,更重要的是,家长还应当在心理姿态上与孩子保持平等,摒弃内心深处那种唯我独尊的强势心态,要发自内心地给予孩子尊重。

当家长遵循平等伙伴式的沟通原则,进入到了"孩子最亲密的小伙伴"的角色之后,与孩子进行沟通的态度和语气都将发生明显的变化。这种变化,孩子是能够体会得到的,并且也会做出相应的反应,会以对待自己最亲密的小伙伴的方式来与家长进行交流。这样的交流效果,必定会好于家长以那种居高临下的姿态和语气进行交流的效果。

其实不仅是在进行言语沟通的时候,在日常与孩子交往的时候,家长也应当放下架子,放低身段,以平等的态度和方式对待孩子。这一点,肯定是说起来容易做起来难。但是如果家长朋友们能够努力提醒自己转变观念,改变自己的做法,就一定会逐步改善与孩子的沟通,亲子关系也会变得越来越好。

第三节　家长行为的一致性原则

我们都知道,一个家庭中的各个成员,在认知亲子教育的角度上和对待孩子的行为上,或多或少都会有所不同,这种差别在一个成员较多的家庭中更是明显。比如,父亲严厉、母亲慈爱,或者母亲操心、父亲放手,或者父母严加管教、祖父母娇宠溺爱,或者父母忙于工作疏于管教、祖父母悉心呵护等等。值得注意的是,家庭成员之间在亲子教育上的差异常常会造成孩子对是非判断的误解,使得孩子与不同家庭成员的亲密程度会有所不同,在不同家庭成员面前的表现也各有差异,甚至于学会看别人的脸色行事、养成倚仗一方对抗另一方的不恰当行为习惯。

因此,我本人不赞成所谓的"有人唱红脸,有人唱黑脸"的做法,而是明确主张家庭成员在对孩子的教育上要尽最大可能地保持一致性,尤其是孩子的父母双方要保持一致性。这里所说的一致性,并不是说父母两人要么都对孩子严厉、要么都对孩子放纵不管,而是说对教育孩子的目的以及具体某些事情的态度上要达成一致。如果家长之间对孩子的某件事情有不同甚至相反的看法,或是有不同的行动计划,则应当在与孩子开始交流之前,家长先静下来认真商量。根据需要决定哪一方妥协让步,哪一方把自己的解决方案再做进一步完善。各方协商好之后,都应当达成一致意见,并且承诺在孩子前来求证和求援时仍然保持一致的态度。

接下来,在实际与孩子进行交流时,可以由一方与孩子主谈,另一方配合或是在一旁观察。当孩子向另一方征求意见或求援时，另一方对事情的表态应当与主谈一方的表态一致，不应该让孩子感受到各方态度的不同。这样，便更容易使得孩子听从家长的教诲或是建议，从而去做应该做的事。

一致性原则，完整地讲，应当包含两个方面，一方面是横向与纵向的一致性，另一方面是狭义与广义的一致性。下面我分别做说明。

横向一致性与纵向一致性。横向一致性，就是上面所说的，要求家长们(包括孩子的父母、祖父母、其他家庭成员以及保姆等)在某个时间段内，在对某一件事情的处理上达成各方意见一致。纵向一致性，就是要求家长们在某些时间跨度较大的不同时间段上，在对重要事情的处理上保持前后一致，即使有些灵活性，也不能偏离当初的基本方向。否则，这也会让孩子感到家长们没有坚持原则，朝令夕改，前后矛盾。

狭义一致性与广义一致性。狭义一致性，就是说在一个家庭内部，在针对孩子教育的责任分工、主次关系(监护人次序)、培养方向的选择上,相关的家庭成员们需要达成一致性意见并各自承担相应的责任。广义一致性,是说家庭成员对于孩子的教育,应当及时并充分地了解学校和社会在孩子教育方面所形成的新理念、新方法,相应地调整和改进家庭内部的教育理念和教育方式,保持与学校、社会等外部环境的一致性。应当学会顺应时代的发展,而不是固守以往的旧理念旧经验。否则,会削弱孩子对家庭以外环境的适应性,将不利于孩子未来走向社会,不利于孩子的成长与自立。

毋庸置疑,家长行为的一致性原则,在隔代教养的环境里,常常难以得到有效的落实。有些祖父母由于年事已高,不容易接受新思想、新理念,并且常常会以自己当年带孩子的经验为参照,不情愿接受自己的子女提出的建议或批评。在这种情况下,作为老人的子女、孩子的父母们,既需要有耐心,还需要有策略。可以找出一些教育专家或是学校老师的建议,或是其他做得好的家长的相关经验,来劝导老人们,尽可能地协调好家庭内全体监护人的态度和意见。这里,我主要强调的是一致性原则,对于如何达成,还需要各个家庭根据自己的实际情况来探索、商榷、磨合以及实施。

第四节　孩子行为的"三不原则"

在信息高度发达的今天,我们可以很方便地在各类书籍、杂志、电子刊物、移动互联网上看到许许多多有关亲子教育的箴言或忠告。随手在网上一搜索,就可以看到"优秀家长写给孩子的 20 条忠告""一位父亲写给孩子的 38 句忠告""父母给孩子的 50 条忠告"等等,诸如此类。我发现这些忠告都有个共同点:读起来的时候感觉每一条都讲得很在理、很正确;但是读过之后,能记得住的却没有几条! 试想,连成年人都记不住的忠告,如何叫孩子们牢记并且遵守? 因此说,容易理解、容易记忆的忠告,才是真正能够对孩子起到实际作用的教育形式。

自从中国(上海)自由贸易试验区于 2013 年 9 月成立以来,"负面清单"这个词就逐渐变得为人熟知起来。它是中国在对外开放领域和管理领域的一项重大变革,意味着管理模式从"法无授权不可为"的正面清单模式转变为"法无禁止即可为"的负面清单模式。这个管理模式的转变,为自贸区内企业的经营活动解除了各种不必要的束缚,增加了企业经营的活力和效率。因此,在管理方式上,对于"负面清单"的最重要也是最基本的要求就是**越短越好**。而为了做到越短越好,就要求清单的内容必须要能够做到**高度概括**。这样,也就从另一个角度对管理部门的管理水平提出了更高的要求。

早在 2005 年,我就开始以"负面清单"的管理模式来实施亲子教育——尽管那时候我们还不知道"负面清单"这个词。当初的想法是,与其整天耳提面命地叮嘱孩子要做这个、不要做那个,不如给孩子规定很少的、容易记住的几类不能做的事。

除了这几类事不能做,其他的事情都允许孩子去摸索、去尝试、去体验。让孩子有更大的行动自由度和更广阔的成长空间。

在一个偶然的机会,我看到了这样一份"负面清单",立刻感到茅塞顿开。当即便决定将其作为我教育孩子的一个重要的基本原则。这份"负面清单"短到只有 3 条,16 个字,我将它称之为"三不原则"。

一、不伤害自己

二、不伤害他人

三、不被他人伤害

虽然只有短短的 16 个字,但我认为它已经高度概括了我对孩子行为规范培养的最基本要求。这样的原则(或忠告),对于孩子来说,首先肯定是容易记忆的,其次是能够让孩子在实际运用中逐渐学会自己去做判断,从而达到对自身行为的培养,实现自我成长的最终目的。

当初,我是这样告诫孩子的: 在做任何重要的事或是以前从未做过的事之前,应当先认真想一想,自己是否会违反"三不原则"中的某一条,然后再来决定自己是否该做这件事。

如果孩子自己发现了他要做的事会违反其中的任何一条或几条,那么,他就必须制止自己去做那件事。那样的话,就能够避免那些我们不希望发生的事件发生;

如果孩子确信(一定是要确信)他要做的事没有违反其中的任何一条,那么,他就可以放心大胆地去做他想做的事;

如果孩子自己不能够确定是否会违反哪一条,那么,他就应当向家长或者向老师询问是否可以去做那件事,并认真听取家长或老师的解释和建议之后,再做决定。

自从我采用了这个"负面清单"的管理模式之后,孩子就逐渐学着自己明辨是非、判断对错,避免做任何害人害己的事情。同时,对于不违反"三不原则"的事,他又能够自由地发挥自己的想象力,积极探索新事物、尝试新体验,充分发掘自己的爱好和特长,开心快乐地成长起来。而对家长来说,有了"三不原则"这个准绳来帮助家长教育孩子,孩子就完全可以在学习中实现自我成长,并且当孩子根据自身需要向家长请教时,家长也知道该从哪里进行指点。这样,孩子会感到自己既受到了尊重,又没有被束缚;而家长们也再不用整天在孩子耳边唠唠叨叨,提醒他这个必须做、那个不能做了,避免了许多与孩子发生冲突、制造沟通矛盾的情况发生。

因此说,"三不原则"实在是一个简单易记并且实用的育儿工具。每一次我与家长们分享育儿体会时,都会专门介绍和推广这个简单又好用的工具,也屡屡得到家长朋友们的积极回应与充分认可。

如果每一位家长,当初都能够用"三不原则"来教育自己的孩子,我们就不会在新闻报道中看到那么多的错误行为和违法犯罪事件了。

生活中的例子比比皆是。例如,那些吸毒、赌博、在危险水域溺亡的人,他们都是违反了"三不原则"中的第一条。

那些不遵守法律法规和公共秩序、有意或无意地冒犯他人、侵犯他人人身安全和财产利益的人，他们是违反了第二条。

那些因为缺乏判断力、轻信他人、没能抵挡诱惑或者被谎言吓懵从而被骗子骗走大笔钱财的人，他们是违反了第三条。

那些因为没有做到谨言慎行而侵犯了他人权益，从而遭到恶意报复的人，则是先违反了第二条，继而又没能守住第三条。

我一再对孩子强调，违反第二条其实是存在着很大风险的。有些人不敬畏规则，不遵守秩序，常常喜欢占别人的便宜或是做妨碍他人的事（如排队时插队、在公众场所大吵大闹等），得到便宜之后就以为自己很走运，对公共秩序和公共利益更加视若不见。殊不知，不是每次冒险都能够全身而退的，也不是所有被冒犯的人都会忍气吞声、一味谦让的。那些因为乱闯红灯而被车撞伤撞亡的人、因为驾车不遵守交通规则而被人拖出来殴打的人，都是因为违反了第二条继而又没有守住第三条,导致自己造成了双重错漏。如果不幸冒犯到一个凶狠暴躁的人或是一个亡命之徒,还可能会给自己招来不必要的麻烦甚至是人身伤害。这样的教训有很多而且有些还非常惨痛。

此外,交友不慎也可能成为使孩子受到伤害的原因。孩子在童年和少年时期,对于是非的判断力还很弱,对于周围的人和事物缺乏理性辨别的能力,大多凭借自己的感性认识,如有趣、容易、舒服、开心、喜欢等感觉来选择自己结交的伙伴或决定自己要做的事情。在这个时期,家长要格外注意孩子所结交的朋友是否会经常有违反"三不原则"的行为,是否会诱使自己的孩子做一些违反"三不原则"的事情。如果发现有类似现象,家长应当及时提醒自己的孩子,不能去盲目跟从伙伴做那样的事情,并且对于孩子选择和结交朋友的标准要及时予以明确和重申。我会在第六章第五节当中专门介绍如何处理与伙伴的关系。

所以,我强烈呼吁家长们应当对孩子做好"三不原则"的教育。这样既能够使孩子们自觉地保护自己,又能够使孩子们健康快乐地成长,的确是一种两全其美的教育方式。

第六章

优化育儿方法（下）

—— 以若干育儿技巧为"目"

把握了与孩子沟通的"平等原则"、家长行为的一致性原则以及孩子行为的"三不原则",再来讨论和运用各种方法,是不是就会觉得心里更有底、信心也更强了呢?

谈到育儿的具体方法,可以说是见仁见智、各有所长。古代或现代、国内或国外都有各式各样的教育方法,而行之有效的方法,也大多有一些共性。

在本章中,我挑选了家长们普遍比较关心的、有代表性的几个问题。这些问题及其处理方法,来自于我本人的亲子教育实践。我在这里分享自己的观点,供家长朋友们参考,权当是抛砖引玉。各位家长可以根据自己家庭的特点以及孩子的特点加以灵活运用,并不断改进和完善。

第一节　横向比较与纵向比较

近年来,在亲子教育界流传着这样一句话:"那个让童年的你最痛恨的孩子,就是——别人家的孩子!"一句话,道出了无数家长们对自己孩子的"高要求"和"不满足",也道出了家长们的攀比之心和无法平息的焦虑。尽管大家都知道,每一个人都各有所长,以自己的短处去比他人的长处是很不恰当的,但还是有许多家长不由自主地忍不住将自家孩子与别人家的孩子做对比。这样的对比,把关注点放在了自家孩子的不足上,盯着自家孩子的这些不足之处,家长们做出的大多是负面评价,并且肯定是越比越着急,越比越生气,越比越看自己的孩子不顺眼。而家长的这些负面评价,也必然会导致孩子们的挫折感、失败感和自卑感,使得孩子对自己的能力也越来越缺乏信心,对自己取得进步、实现目标的把握也越来越弱,甚至于对自己正在做的事情都越来越失去兴趣。这才是更加可怕的结果!

正确的做法,应当是将孩子的当下与孩子的过去做纵向的比较,把关注点放在孩子取得的每一个进步上。无论这些进步是大还是小,家长都应当真诚地及时地给予表扬和鼓励,表达家长对孩子的认可和欣赏,表达家长对孩子取得更大进步、实现更高目标的信任。这样的正面评价,必将会增强孩子的自信心,激发孩子更加努力的动力,激励孩子去争取更大的进步。孩子们会因为家长的鼓励而变得更加快乐、对世界有更强烈的好奇心,从而更加健康地成长。

所以,家长们应当**多做纵向比较,少做横向比较**。

第二节 好孩子是夸出来的吗?

对于这个问题,在我与家长们做亲子教育分享时,家长们的回答常常是各执一词,既有同意的也有反对的。同意这个观点的家长认为,夸奖和赞许能够使孩子感到自己被认可,能够激励孩子继续努力,做得更好,取得更多的成就;而反对这个观点的家长则认为,"谦虚使人进步,骄傲使人落后""天外有天,人外有人",对孩子就应该高标准、严要求,孩子达到要求是应该的,达不到要求则必须受到批评甚至惩罚，否则孩子就没有压力，在激烈的竞争中就会落后。

我先来讲一则古希腊的神话故事。

塞浦路斯的国王皮格马利翁是一个有名的雕塑家。他精心地用象牙雕塑了一个美丽可爱的少女。完成之后，他深深地爱上了自己塑造出的这个"少女"，并给它取名叫盖拉蒂。他还给盖拉蒂穿上美丽的长袍，并且拥抱它、亲吻它，他真诚地期望自己的爱能被"少女"接受。但盖拉蒂依然是一尊没有任何反应的雕像。皮格马利翁感到很绝望，他不愿意再受这种单相思的煎熬。于是，他就带着丰盛的祭品来到阿佛洛狄忒的神殿向女神求助，他祈求女神能赐给他一位如盖拉蒂一样优雅、美丽的妻子。他的真诚感动了阿佛洛狄忒女神，女神决定帮他。

皮格马利翁回到家后，径直走到雕像旁，凝视着它。这时，雕像发生了变化，它的脸颊慢慢地呈现出血色，它的眼睛开始释放光芒，它的嘴唇缓缓张开，露出了甜蜜的微笑。盖拉蒂向皮格马利翁走来,她用充满爱意的眼光看着他,浑身散发出温柔的气息。不久,盖拉蒂开始说话了。皮格马利翁惊呆了,一句话也说不出来。雕塑盖拉蒂变成了他的妻子,皮格马利翁称他的妻子为伽拉忒亚。

后来,人们从皮格马利翁的故事中总结出了"皮格马利翁效应":对人的真诚期望和赞美能够产生令人惊喜的奇迹。

从我教育孩子的亲身经历来看,我认为,对孩子进行夸奖所能够起到的激励作用要明显大于对孩子的严厉批评所起到的激励作用,而惩罚则更是我不赞成使用的手段。正向的鼓励能够使孩子给予自己更多的肯定和自信,更清晰地坚定自己所要追求的目标,摆脱对失败的恐惧,专注于寻找实现目标的方法和为了实现目标而需要采取的行动;而负向的批评常常会使孩子怯于肯定自己,对自己的能力产生怀疑,不敢让自己追求更高的目标,害怕失败,只能不停地在家长的高压下拼命地努力向前,却不知道何处才是令家长满意的那个终点。

　　需要强调的是,家长在对孩子进行夸奖时,有一项要素是至关重要的,那就是——**真诚!**皮格马利翁之所以能够感动女神,使雕像变成了真人,关键就在于真诚。同样,家长对孩子的夸奖和赞许,也一定要出于对孩子真诚的信任和真诚的认可。如果家长对孩子的夸奖不是出于真诚,那么孩子也是能够觉察和体会到的。那种不真诚的夸奖也难以起到鼓励孩子、增加孩子信心的目的。

　　让我们再回顾一下前面提到的育儿"金字塔"。如果家长明确了育儿的目标(奠定了"金字塔"的第一层),清晰地界定了与孩子之间的关系(构建了"金字塔"的第二层),其实就能够正确看待孩子的一切进步与挫折,并以夸奖和鼓励来激励孩子。甚至当孩子自己给自己施加了很大的压力时,家长更是应当为孩子减压,为孩子的每一个小进步而欢呼,帮助孩子充满信心地做好自己的每一件事。所以说,**好孩子真的是夸出来的!**

第三节　如何批评孩子?

在孩子成长的过程中,不可避免地会做错一些事、说错一些话,令家长感到生气或者恼怒。如果孩子的行为发生在家长情绪不佳时或者在公众场合时,有些家长就会更加愤怒,对孩子进行责骂甚至体罚。家长会说出"你是一个捣蛋鬼!""你总是这么不听话!""你这个孩子真讨厌!""我不再喜欢你了!"等等之类的话。久而久之,孩子要么变得缩手缩脚、如履薄冰,不再去尝试那些可能会出现错误或者失败的事情;要么变得更加不在乎、更加"捣蛋",甚至变本加厉地与家长进行对抗。

孩子做错了事,家长进行批评指正固然是有必要的。但是应当如何正确地批评孩子呢? 我认为有 3 点很重要: ① 尊重孩子;② 对事不对人;③ 正向引导。

一、尊重孩子

正如我在"亲子关系中的核心要素"部分阐明

的,家长应当将孩子视为独立存在的、不附属于家长的个体,应当与孩子保持一种平等的关系。并且,任何一个成功的人,一定都会经历过无数次失败,尽管人们看到的和记住的只是成功之后的人。遗憾的是,我们当今的社会,对孩子们太过苛刻——只许孩子成功,不许他们失败。这种急功近利的浮躁心态,对家长对孩子都是极为有害的。因此,家长们应当将孩子在成长过程中所犯的错误视为正常现象,怀着一颗平常心、同理心、包容心与孩子进行交流。有一句名言,深刻地揭示了人们在沟通时经常犯的错误:**我们往往以自己的意愿评判自己,却以他人的行为评判他人。**当家长看到孩子与家长意愿不相符的行为表现时,不要急于做评判、下结论,更不要急于否定或责骂孩子,应当以平等的心态,先向孩子了解清楚其行为的动机或原因,再对孩子施以正确的教育和引导。

二、对事不对人

家长在批评孩子的时候,应当针对孩子的具体行为或是孩子行为所造成的结果进行批评。例如,家长可以说"我对你做的这件事感到很不高兴"或者"你这样做,把……给弄坏了(搞糟了),我不能接受"。家长不应当对孩子本身做出负面的评价。例如,不应当说"你总是爱捣乱!""你这个样子,不是个好孩子!""我不喜欢你这样的孩子!"这样类似的话。应当让孩子知道,家长反对的是孩子做的事,而不是讨厌孩子本人,并且,如果孩子对自己做错的事已经表现出了懊悔或者愧疚,家长就更不应该不依不饶地继续责骂孩子,而是应当使自己平静下来,抚慰孩子的情绪,让孩子知道"家长不会因为孩子做错了这件事就不爱自己的孩子,家长能够理解孩子、谅解孩子,并且愿意帮助孩子更好地成长"。

三、正向引导

家长们在批评孩子的错误行为时,常常不由自主地把注意力一直放在孩子做错的事情上,反复地追问孩子那样做的原因,反复地指责孩子的不当行为,反复地强调做错事情所带来的不良结果,反复地宣泄自己对孩子的不满情绪。这种只关注负面因素的做法,既造成了孩子陷入惊慌、恐

惧、内疚、自责而难以解脱,又不利于孩子了解和
掌握正确做事的规则和方法。长此以往,反而会
导致孩子自信心受挫、情绪低落、应对事务的能力
减弱……正确的做法,应当是关注于正向引导。
跟孩子一起分析错在哪里,如何采取补救措施,如
何采取防范措施,向孩子讲解如何做才是正确的,
以后如何做得更好。家长这样做,能够让孩子体
会到家长对自己的真诚关爱,才能够保护孩子的
自尊和自信,帮助孩子学会在探索和尝试中学习
知识和技能。这样,孩子对于改正错误、吸取教训
就会更加有信心,就能够在成功与挫折的历练中
顽强地成长。

第四节 为什么有人会沉迷于网络的虚拟世界?

计算机和网络科技的飞速发展,给我们的生
活带来了翻天覆地的变化,然而也给许多家庭带
来了无穷无尽的烦恼。形形色色的电子游戏、五
花八门的网络游戏令众多的孩子着迷、上瘾、沉

沦,也令众多的家长们为此而苦恼万分、抓狂不已。而一些由社会力量举办的治疗网瘾的学校,盲目地使用一些残酷的手段来摧残那些花季少年,使孩子们的身心再度受到伤害,有的孩子甚至被折磨致死!

我不是戒除网瘾的专家,也不在这里专门讨论如何戒除网瘾。我在本书中探讨的,是究竟为什么会有人沉迷于电子游戏、网络游戏?通过对这个问题的分析解答,我们可以找到问题的根源,从而对症下药。

由于学习和工作的原因,我从 20 世纪 80 年代中期起就开始接触各类电子游戏,曾经几乎玩遍了各种类型的电子游戏,也曾经乐此不疲地挑灯夜战。我发现,电子游戏带给玩家的快乐,源于那些变化多端、过关斩将的游戏过程所带给玩家的**成就感**。而这种成就感,又常常是玩家在现实生活当中渴望得到却难以得到的。游戏玩家,无论是成年人还是青少年,如果在现实生活当中难以得到其渴望的成就感或者根本不清楚自己的成就感应该来自哪里,就会转而投入到虚拟世界里,在游戏当中去寻求。现在的许多新型网络游戏,增加了更多模拟现实世界的情境,例如积累不菲的财富、消灭自己所痛恨的障碍或对手、完成众多的挑战、实现特定的虚幻目标、提升自身的地位等级等等。这些游戏的关卡,相比于现实生活中的真实挑战,更加容易被突破,使玩家更加容易获得成功。于是,玩家们就越来越倾向于沉浸在虚拟的世界中实现自己的人生"升华"。

既然找到了问题的根源所在,那么解决问题的方法,就要从成就感入手。家长们需要认真思考一下,如何让孩子从现实世界中获得更多的成就感?

在具体做法上,可以考虑在日常学习、生活当中,结合孩子的兴趣和特长,设定一些让孩子通过一定努力就能够完成的阶段性目标。当孩子完成这些目标之后,一方面孩子自身解决问题的能力得到了提高,另一方面也增强了孩子的自信心和成就感。例如,这些目标可以是:

在一个暑假期间学会游泳;学会一个新的体

育项目;养好一盆花;学会烧一道菜;自己做一个手工作品;每周学会一首外文歌曲;帮助家长完成一项家务……

如果孩子能够经常从现实世界中获得诸多的成就感,并且多于从虚拟世界获得的成就感,孩子就不会再那么依赖于虚拟世界,而是更愿意在现实世界中继续努力了,因为现实世界给予孩子的认可更直接、更亲切,也更多。

另外一个使人沉迷于虚拟世界的原因,是由于一些人在现实世界中没有可以与之进行坦诚交流的对象。以孩子为例,如果与家长的关系不融洽,与家长的沟通不顺畅,感受不到家长的尊重、关心和爱护,并且又不能经常与自己的同学、伙伴在一起交流,孩子就会转而从各种聊天软件、交友软件等虚拟世界当中寻找可以进行交流的对象。有些孩子在某些阶段可以满足于虚拟世界中的交流,但也有些孩子在体验了虚拟世界中的交流之后,依然不能得到情感上的满足,依然渴望在现实世界中感受到被尊重、被关怀甚至被宠爱。于是,他们就开始与网友见面、约会。而这样的交往,常常隐藏着各种人身财产方面的风险甚至是威胁,令孩子和家长们痛心疾首,悔之晚矣!

对于那些网瘾太深的人,在此不做更多的讨论。我的观点是,家长们在现实世界里给予孩子们的亲情和成就感,应当是越早越好,越及时越好,越多越好。越早给予孩子亲情和成就感,就越能够避免孩子投入到虚拟世界当中。而给予亲情和成就感的最主要方式,就是对孩子给予关心和爱护,给予肯定和鼓励。许多讲授亲子教育的培训课程都有介绍如何鼓励孩子、如何夸奖孩子的技巧,在此不做更多的讨论。

第五节　如何处理与伙伴的关系?

曾经看到过这样一句话:"学历是铜牌,能力是银牌,人脉是金牌,思维是王牌。"我很认同这句话。无论是古今还是中外,任何一个人都不可能终生凭一己之力获得所有的成功。当今社会的发展,则更加强调团队精神,倡导团队协作。所以,从孩子的童年时代起,我就格外重视孩子与伙伴之间的交往,也一直积极鼓励和帮助孩子学会与伙伴交往。

那么,在与伙伴交往时,除了要牢记和坚守行为上的"三不原则"之外,还需要注意哪些呢?在孩子上小学的时候,有一次放学回到家,说到班上某位同学做了一件糟糕的事,受到了同学们的嘲笑,他自己也觉得很逗乐。看到这种情况,我意识到,应当教育他如何积极地评价其他同学以及如何正确地与其他同学相处。于是,我便问:"那你觉得这位同学除了这方面有缺点还有哪些优点呢?"他想了想,讲出了那位同学的一条优点。我又接着问:"除了这条优点,那位同学还有什么优点?"他想了想,又讲出了那位同学的第二条优点。就这样,我接连发问,启发他讲出了那位同学的三条优点。然后我说:"你看,这位同学的优点是不是还挺多的?以后,当你想要评论某个人的一条缺点时,你就需要同时想出这个人的三条优点,把优点也一起讲出来,好不好?"他点头答应了。从那以后,他再也没有谈论任何同学的缺点,一直到现在。

为什么会有这样神奇的效果?请家长们想一想:如果孩子在试图谈论一个人的缺点时,他还要再去想出那个人的三条优点,那么他的注意力就会放在寻找那个人的更多优点上面了。等孩子把三条优点找出来,估计也就忘记或者忽略那一条缺点是什么了。

这样做的好处有两个。第一个好处是:能够教育孩子多关注他人的优点和长处,以欣赏的眼光看待他人,进而激发出向他人学习、向他人看齐的意愿,也就能够帮助孩子不断地提升自己,做一个礼貌待人,谦虚上进的人。孩子也就能够结交更多积极向上、品格优秀的好朋友了。第二个好处是:通过这种方式,能够引导孩子多角度、全方位地观察和评价一个人或一件事。培养孩子掌握客观、公正地分析、辨别人物和事物的思想方法,提升孩子的辩证思维能力,从而帮助孩子尽快地成长和成熟,成为一个能够不断提升自我,并且有益于社会的有为青年。

这项小技巧,我称之为"**三长一短**"原则。简单好记,便于运用。

第六节 如何处理与校方的关系?

除了学会如何与个体同伴打交道,孩子还应当学会如何与自己所在的集体相处。这无疑是一个人能否适应社会、能否取得集体与社会认可的一项非常重要的能力。

我经常听到一些消息,有些家长为了给自己的孩子争取到一个好的班级或者好的老师,找到校方去提要求;或是为了给在学校受了委屈的孩子出气,去找校方讨要说法甚至去吵闹;还有些家长,一听说校方的某些安排变动(例如换老师、重新分班)对自己的孩子不利,便去找校方争论、提条件,要求校方满足自己的要求;更有甚者,有些家长还会鼓动其他家长,纠集起一帮人来,试图凭借人多势众来向校方施压,甚至闹罢课,以期满足自己的愿望。

这些家长的行为,其目的和效果暂且不论,他们的做法实际上是给孩子树立了一个反面的榜样。首先在"言传身教"这一点上就犯了错误。

我们都知道,学校是孩子走向社会的一个过渡阶段。当孩子们进入学校就读时,家长们应当教导孩子如何与学校的老师及其他人员相处,因为这会直接影响到孩子步入社会之后与自己的单位主管、上级领导以及周围同事相处的方式和相互之间的关系。试问,一个在学校里没有学会尊重老师和校领导的孩子,将来如何能够做到尊重自己的上级? 一个在学校里不遵守校方规则、不尊重校方决定的孩子,走向社会之后怎么能够做一个遵守组织规定、遵守社会规则的人? 一个从小就靠着家长来搞定一切、摆平一切的孩子,将来在社会上如何能够独立应对自己所面临的环境变化？

在对待老师和学校的态度上，我和妻子始终保持正向引导的一致性。我妻子常常用当年她母亲教导她的话来教导我们的孩子："这个世界上，除了你的父母等亲人，老师是对你最好、对你最无私、最希望你越来越好的。老师巴不得把他们的全部知识都传授给自己的学生，希望他们的学生都有进步、都能成才。"我们不仅这样说给孩子听，也在与老师的交流中始终秉持尊重、谦逊、感恩的态度，积极配合老师的工作。正是由于我们做家长的给孩子树立了榜样，孩子也一直发自内心地尊重老师，对老师很有礼貌。每次见到老师，都会姿势端正地向老师问好；每次去老师办公室请教问题之后，都会恭恭敬敬地向老师欠身鞠躬表示感谢。他的礼貌行为得到了老师们的普遍称赞。而孩子自己和我们做家长的也都在这种良性的师生关系、家校关系中受益匪浅。

所以说，作为一个对孩子负责任的家长，应当教育孩子学会尊敬老师，尊敬学校里的教工人员，尊重同学,敬畏规则,遵守秩序。即便是孩子在学校受到一些误解或委屈,假如不涉及重大原则或不涉及违法犯罪的行为,家长应当学会理解、忍耐和包容,同时也应当教孩子学会理解、忍耐和包容。即使校方做出了某些对孩子不利的安排变动,家长也应当摆正心态,把这样的挑战当作是锻炼孩子的一个机会,鼓励孩子勇敢地去面对,去克服那些新出现的困难,努力去争取成功。在学校里学会适应的孩子,将来走向社会之后的适应能力也肯定不会差。

还有一点也很重要。学校是一个人员众多并且活动密集的场所,每个人的活动都会与周围的其他人发生关联,每天都会频繁发生人员聚集和疏散的活动。例如,在孩子们进出校门、进出教室、进出会议室时,上下楼梯时,在操场上集合或解散时,在餐厅用餐时,课间上厕所时,到老师办公室请教问题时等等。在这些人员密集的群体活动当中,保持安全有序的秩序是非常重要的。我们曾经看到的媒体上报道的那些校园踩踏事件或是教室楼梯垮塌事件,其中有些悲剧的原因之一就是因为当时的学生们没有遵守学校规定的相关秩序,乱作一团地拥挤、奔跑、打闹而造成的。不守秩序、不排队、不愿等待的毛病,不但是在中国的一些孩子身上有,在许多成年人身上更是积习难改。这不仅严重扰乱了社会秩序,败坏了社会风气,而且还很容易造成安全事故,给个人和家庭带来痛苦和伤害。所以,教育孩子们在学校里遵守秩序、遵守纪律,做一个自律的人是非常重要的。

我们在提倡为孩子营造一个自由快乐地学习并能够充分发挥想象力、创造力的成长环境的同时,仍然要牢记规则和秩序的重要性。对于孩子行为的管理,我把它比喻为,要像自由体操和跳水比赛那样,首先要完成必要的规定动作,才能够去做那些发挥创意的自选动作。

因此,家长们应当教育孩子在学校里遵循"**敬畏规则、遵守秩序、学会等待、学会适应**"的准则,做一个自律的人、礼貌的人。

第七节　学习的规律与要素

或许有些家长会有疑问：孩子的学习，一直是我们非常关心的一个话题，为什么等到现在才开始讲？因为在我看来，对于孩子品德、性格、行为习惯的培养——即通常所说的"德育"，要比对于学习的培养——即通常所说的"智育"，更为重要。前者培养的是素质，后者培养的是技能。如果再将养育孩子比喻成养花的话，前者培养的是根和枝干，后者培养的是叶和花朵。所以，我先在前面用了大量的篇幅分享对孩子品德、性格、行为习惯的培养，现在再来分享有关学习的话题。

关于孩子的学习，我主要谈两个方面的原则性大问题：一是学习的阶段性要素问题；二是学习的关键性品质问题。就这两方面的问题而言，非常有必要以充分的篇幅来阐述我对于如何引导孩子学习的理解和建议。

一、学习的阶段性要素

说到学习,我在陪伴孩子度过的从小学入学直至高中毕业的十二年时光里,逐步领悟出了一个很关键的要点:那就是阶段性要素。在我们将"十年寒窗苦读"作为一项长期的重要的"工程"来实施期间,如果将这项"大工程"分解成几个阶段性的"小工程"来实施,通过找出每个阶段当中重点需要解决的问题,逐项地解决这些问题,分阶段地、递进式地完成这项艰巨的"工程",那么,就应当可以降低完成这项"工程"的难度,并且提升"工程"的完成质量。

通过十多年的探索和尝试,我发现,孩子学习所需要培养的素质和能力会随着不同的学习阶段呈现出相当明晰的规律性,而且各个阶段有着各自不同的侧重点。这一规律对于如何指导和帮助孩子完成学业是非常重要的。如果家长们能够很好地把握和遵循这套规律,那么对于孩子学习方面的培养就会沿着一条顺畅的轨迹前进,终究会得到一个令人满意的结果。反之,如果没有遵循这套规律,孩子在学习过程中就会出现困难,会产生各类问题,其学习结果也将难以令人满意,家长和孩子也都会很苦恼、很抓狂。

对于这些阶段性要素,我用图 6-1 做个简明的展示。

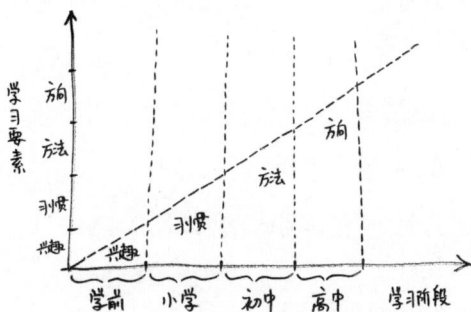

图 6-1 学习的 4 个阶段性要素

图 6-1 中列举的兴趣、习惯、方法、方向这 4 项内容,表明了在孩子成长的每个不同阶段,家长只有做好与该阶段相对应的要素的培养,才能够使孩子在各个阶段均达到令人满意的状态。

下面我来逐项解释一下。

1. 学前要激发自主的学习兴趣

这个阶段需要培养的重点是——兴趣。如果

孩子在正式上小学之前,对学习已经有了浓厚的兴趣,激发出了强烈的求知欲,那么,孩子在课堂上就能够坐得住,就能够认真听讲,就能够高高兴兴地做练习、写作业;反之,如果孩子在进入小学之前对学习没有足够的兴趣,那么,孩子在课堂上就会注意力不集中,坐不住,不认真听讲,自己做小动作,或是干扰其他同学的学习,回到家也不愿意写作业,只想着在外面玩,或是看电视、打游戏,甚至还会针对写作业来跟家长谈条件、耍脾气。我在"学习兴趣"前面加了"自主的"一词,是要强调:学习兴趣一定要发自于孩子的内心,而不是老师或家长强迫孩子要对学习有兴趣。

那么,如何才能够让孩子有自主的学习兴趣呢?最有效的方法是——"激发"。激发的重要手段就是鼓励,这包括两方面的含义。

第一,对孩子的好奇心、求知欲,家长一定不要打击和否定。无论孩子问出多么稀奇古怪的问题,家长都不该不耐烦,都应当认真解答。如果家长解答不出来的,也不要碍于面子而回绝孩子,而是应当帮助孩子通过其他途径寻找答案,直到孩子对这个疑问有了他想要的答案。

第二,对孩子所取得的任何小小的进步,家长都应当及时地给予鼓励。未必每次都需要给予物质上的奖励,往往只要给孩子语言上的肯定和赞许,就会让孩子动力十足、兴趣倍增!

2. 小学要培养良好的学习习惯

这个阶段需要培养的重点是——习惯。什么是良好的学习习惯呢? 在课堂上能够聚精会神地认真听讲,认真记笔记;随着老师的讲解,开放思路,积极思考,积极回答老师的提问;写作业的时候,专注、认真,不同时做其他与写作业无关的事(比如听音乐、玩手机、吃东西、玩玩具等等);对写完的作业,要再认真检查一遍;对做错的题目,要及时更正,并且认真做总结,以避免再犯类似的错误;给自己设定写完作业的时间;做任何一件事都会善始善终而不会半途而废;给自己的寒暑假作业设定计划,并且严格按照计划去执行……好的学习习惯还有很多,家长和孩子们可以根据自己的实际情况进行培养。反之，与上述行为表现相反的，就是不好的习惯。

为什么习惯很重要？因为，习惯来自于行为的多次重复。当一种行为被重复多次之后，人们就会形成相对固定的行为方式，也就是习惯。好的习惯可以保证行为结果的相对稳定，提高做事情的效率和正确度。而不好的习惯则不仅难以保证所实施的行为能够达到预期的结果，而且会导致做事情的效率低下以及结果同预期之间出现偏差。

习惯很重要的另一个原因是，就像学前能否激发出孩子的学习兴趣会直接影响到进入小学之后的学习状态一样，孩子在小学阶段养成的学习习惯会直接影响到步入中学阶段之后的学习效率和学习效果。

3. 初中要掌握高效的学习方法

这个阶段需要培养的重点是——方法。好的学习方法，对于提高学习效率、增强记忆效果、触类旁通、整合知识都是非常有益的。

孩子在小学阶段的学习，基本上是凭借重复

的记忆和简单的理解来积累知识的。知识点之间的逻辑关系并不那么清晰,知识的体系也还没有形成。然而,进入初中阶段之后,随着物理、化学、历史、地理等其他学科课程的加入,学习的体量有了明显的增加,难度也有了大幅的提升,这对孩子的理解、记忆、分析、综合以及归纳、演绎等学习能力都有了更高的要求。因此,就要求孩子必须在初中阶段尽快摸索出一套适合自己的高效率的学习方法并加以掌握和运用。

不仅如此,孩子只有在初中阶段掌握了高效率的学习方法,才能够在进入高中阶段或者是进入其他学习阶段之后,适应体量更大、难度更高、时间更紧的学习生活。

至于高效的学习方法,也同样是因人而异,没有统一或固定的标准。但是依据我自己的学习经验和辅导孩子的经验,我认为,对所学的知识做阶段性的总结确实是一个很实用也很有效的学习方法。具体来说,就是每当学完一个或若干个章节,就把这部分内容重新复习一遍,同时按照自己对内容的理解另外做一套学习笔记。在新的学习笔记中，找出各个小节内容之间的关联，以关系图或者其他图表、表格等形式将各个小节的内容展现出来，并且描绘出各部分之间的关联关系。这种方法，由于不是拘泥于书本上或是课堂上的教学思路，而是由孩子以自己的思维方式做理解和回顾，因此，不仅能够帮助孩子换一种方式对书本中的知识做一个系统性的梳理，而且能够帮助孩子更好地加深理解和增强记忆。

4. 高中要规划明确的学习方向

这个阶段需要培养的重点是——为自己规划未来学习方向的能力。按照中国目前的教育学制，在高中三年里，前两年通常会讲授一些高难度的课程(有些是为上大学做准备的)，最后一年则是紧张的高考备战年。在这三年当中，尤其是最后一年，家长应当关心孩子将来要学习的专业方向，并帮助孩子进行明确的规划。即使不把要报考的大学专业当作是终身职业，也应当根据孩子对各学科的兴趣差异和在各科学习成绩上表现出的优势劣势,以及孩子的性格特征和行为习惯,认真地考虑和权衡孩子所要报考的专业、院校以及学校所在地的地理、气候、人文等因素。

自从高校扩招以来,高等院校的录取率大幅上升。但是却有相当比例的大学生根本不喜欢自己所考取的院校,学着自己毫无兴趣的专业。于是,逃课、旷课、考试作弊等现象时有发生。这种状况,既荒废了学生自己的时间和精力,也浪费了家长们含辛茹苦为孩子支付的高额学费,还导致一些学生遭遇了"一毕业就失业"的尴尬和打击。

出现这些状况,除了高校的校方在教学和管理方面存在需要改进的环节之外,相当大的程度上与孩子在高中阶段没有为自己规划明确的学习方向有很大的关系。

在进入高考倒计时的最后一年,家长们应当多向孩子本人以及孩子的老师们了解孩子各学科的学习情况,了解孩子在各项测验、模拟考试中的表现,请老师帮助分析孩子的优势劣势,听取老师对孩子的学习方向、报考专业以及报考院校的建议,同时还需要听取孩子对未来学习方向的想法,了解孩子的兴趣所在,了解孩子喜欢哪些学科,对哪些学科缺乏兴趣,擅长哪些学科,哪些学科学起来真的是很有困难。对于那些有渠道帮助孩子获得高考招生信息的家长,应当力尽所能地帮孩子搜集、分析相关的报考信息。

我建议家长在这个关键时期参与孩子专业方向的选择,并不是要让家长为孩子代办这件事,而是为了让孩子集中精力备考,不必在这件事上过于消耗精力,不必在搜集、分析信息上过多地占用孩子的时间。否则,孩子既要备考,又要面对一大堆眼花缭乱的招生信息,必然会增加孩子的心理压力。家长的主要任务是搜集招生信息并帮助孩子对信息进行分析,最终的选择还是应当由孩子拿主意,而不是由家长包办。按照常理,孩子对于自己亲自做决定而选择的专业和院校,是能够认真对待、认真学习的。即使在学习中遇到挫折,也会努力战胜困难,继续向前,而不会埋怨家长;反之,如果孩子的最终专业和院校是家长做的选择和决定,那么如果孩子遇到挫折,就难免会对家长产生埋怨情绪,不利于孩子安心学习和成长。

关于如何选择学习方向、如何选择报考专业,我这里无暇对具体详细的过程给出整套建议,因为不同省份、不同时期有不同的招生政策和流程,无法做到一概而论。仅提几条原则性的建议,供家长朋友们参考:

1) 孩子的兴趣和优势最重要

孩子有兴趣的学科,一定会努力去学。即使成不了大专家,也肯定能学得清楚明白,不会差到哪里去。如果家长过多考虑未来就业或是子承父业之类的因素,逼着孩子去选择不喜欢的专业,就凭现在的孩子那么有主见,很难真正认真去学,也很难学得好,说不定还会出现厌学、逃课甚至考试不及格的窘况。到那时候,家长可就要追悔莫及了。

2) 选择专业与选择学校的权衡

选专业,看重的是孩子的兴趣、优势以及未来的就业方向和机会;选学校,看重的是其品牌、名气和学习氛围。然而,每所学校在全国不同省份所招生的专业都各有不同。如果孩子喜欢的专业所在的学校名气不大,或者名气大的学校没有孩子喜欢的专业来招生,这就需要进行权衡,做出符合自己意愿的选择。

3) 大学的学习专业不等于终身职业

在大学阶段,学生们要学习的重点是思维方式和解决问题的方法。当今的时代,已经不存在自身的职业与学习专业终生绑在一起不可分离的情况了。因此,对于孩子选择了自己喜欢的专业之后,是否在将来能够有好的就业机会和前途,家长们不必过早地纠结。只要孩子在斟酌之后选定了某个专业,就由孩子在大学里认真学好这个专业,努力掌握科学的逻辑思维方式和解决问题的方法,为自己将来的职业发展做准备。俗话说,技不压身。孩子有了一技之长,总是能够在成长的道路上找到属于自己的位置和成功的路径。

正如我在前面介绍的,每个阶段性的要素都对后续阶段的学习起着重要的铺垫作用。同样,如果孩子能够在高中阶段为自己规划好明确的学习方向,就如同于在学前阶段激发起来学习兴趣一样,孩子在进入大学阶段之后,就能够目标明确地学好自己选择的专业课程,真正投入到专心听课、认真完成作业、认真考试、认真实习当中去。否则,一个没有明确方向的孩子,如果很被动地选择了自己不喜欢也不擅长的大学专业,就会对大学学习失去兴趣,也难以学得好,将来毕业后也难以做到学以致用。那样就浪费了宝贵的大学时光,将会非常可惜。

概括来讲,孩子在规划学习方向时,需要综合考虑兴趣爱好、学科偏好、性格特征以及专业匹配度、职业匹配度等几项因素,来选择自己所要报考的大学专业。

5. 四项要素的阶段性、叠加性和延续性

在依次介绍了兴趣、习惯、方法和方向这四项需要重点关注和培养的要素之后,再来阐述一下这四项要素在时间上的阶段性、功效上的叠加性以及实施上的延续性。

时间上的阶段性,是指孩子在每个学习阶段所要重点培养的内容和需要具备的要素,应当与各个学习阶段保持同步。可以在孩子有愿望、有能力的情况下适当提前进行,但不应当滞后。因为,一旦出现滞后,错过"这班车",就不得不付出加倍的努力争取补回来。而如果补得不好,就会造成"一步赶不上,步步赶不上"的被动局面,使得孩子很吃力,家长也很后悔。

功效上的叠加性,是指孩子在每一个学习阶段所具备的要素,不仅与前后阶段具有紧密的关联性,而且前期阶段所具备的要素将成为后续阶段要素培养的基石,从而帮助孩子稳步地扎实地完善各个阶段的要素,成为一名能学习、会学习的学生。

实施上的延续性,是指每一个阶段的要素已经具备之后,依然需要将已具备的要素做持续性的保持和提升。在将已经具备的要素逐层叠加的同时,还需要将每层要素不断加固、加厚,绝不可半途而废,否则会造成孩子在学习方面出现虎头蛇尾的局面甚至导致前功尽弃。

二、学习的关键性品质

尽管在孩子高中毕业前的各个阶段所要培养的能力需要有不同的侧重点,但是我在前面提到过"小学要培养良好的学习习惯"。在这里要专门阐述一下,有哪些好习惯是我认为孩子们必须要培养的。这些习惯是如此的重要,以至于我将它们称为学习的关键性品质。

品质一:认真

在当今知识大爆炸的信息时代,人们获取信息、积累信息、分享信息和交换信息的行为变得越来越便利。无论是从事科学研究、商业活动、生产经营活动,还是从事文化传播、各类服务等活动,节奏都变得越来越快。然而,正是在这种快节奏的环境下,对知识的不求甚解、对过程的粗心大意、对产品的粗制滥造甚至以次充好等现象也开始泛滥起来。有些人侥幸蒙混过关后,就以为找到了做事的捷径,变得更加不严谨、不认真、不负责任。

但是,从古到今,哪一位成功的人不是凭借认真才能够实现目标的？哪一项精密的工程不是凭借认真才能够圆满完成的？哪一项宏伟的事业不是凭借认真才能够最终成功的？认真，就是不马虎、不苟且，就是慎重、细心、执着和耐心。它是一种处事态度，是一种奋斗精神，更是一种精彩人生的境界，是一项孩子从小就需要培养并且要伴随一生的关键品质！我很赞同现在流行的一句很有哲理的格言：**有人说，认真，你就输了；但不认真，你连赢的可能都没有！**

虽然我们无法要求孩子的聪明，但是我们应当要求孩子做到足够的认真。孩子如果做到了认真，都不需要去拼天赋、拼智商。著名的奥斯卡获奖影片《阿甘正传》的主人公阿甘，智商比不过普通人，家境比不过普通人，背景比不过普通人，他所拥有的唯一优势就是认真！每当他决定去做一件事，就必定会心无旁骛、专心致志地认真地去做。因此，他做的每一件事最终都获得了成功。

所以，做家长的，一定要把认真作为孩子的一项非常重要、特别重要、极其重要的品质来培养。

要素二：守时

人类社会已经进入到了一个高速发展的阶段，知识更新、产品更新、标准更新以及理念更新都变得越来越快。企业之间的竞争已经不仅仅是经营规模的竞争或市场地位的竞争，即便是人才的竞争，也归结到了效率的竞争——具备相同能力的人才，谁能够用更短的时间、以更快的速度完成相同的绩效，谁就胜出。中国在改革开放初期提出的"时间就是金钱，效率就是生命"的口号，正在显示出越来越强大的效用。因此，对时间的把控和利用就成为了衡量一个人、一个组织的生存和竞争实力的一项重要指标。在竞争激烈的商业战场上，以往的"大鱼吃小鱼"已经演变成了"快鱼吃慢鱼"，形成了"效率为王"的新的竞争格局。

当今时代，孩子们的世界也已经到处存在着各种竞争。如何让孩子在有限的时间内有效地、高质量地完成学业及其他各项任务？一个重要的方法就是提高单位时间的学习任务产出率，也就是说，要提高效率，要合理利用时间。注意！是合理利用

图 6-2 错失时机的灾难

时间,而不是简单地减少时间、压缩时间。而如果
要合理利用时间,遵守时间就是一个必不可少的行
为习惯要求。无论是在学习当中还是在生活当中,
家长都应当教育孩子从小培养守时的好习惯。做
事情要有计划,尤其对重要的事情,家长应当事先
与孩子协商制订一个可行的计划。可行的计划意
味着应当包括对一些计划外可能发生的意外情况
进行处理的步骤和时间,并且让孩子不折不扣地执
行已经制订的计划。无论是作息时间、学习时间、
娱乐时间、赴约时间以及其他行为活动的时间,都
应当注意培养守时的观念和行为习惯,把孩子培养

成为一个高效率的人,这样将来才能够适应快速发展的社会。

对时间怀有敬畏之心,才能够对效率怀有追求的渴望。

从今以后,效率为王!

三、哪些学科最重要?

这是一个很有趣的、也很值得探究的问题。对于这个问题,在我国现代教育的不同发展时期,人们有着不同的认识。在改革开放之前,社会上流行的口号是"学会数理化,走遍天下都不怕"。那时候,重理轻文的观念很普遍。改革开放之后,在引进外国资本和技术的同时,国外的先进管理理念和方法也被引进来并且逐步得到了重视和运用。外语、国际贸易、经济管理、企业管理、传媒等包含更多文科知识的学科越来越受到在读学生的广泛认同和追捧。学外语、考级成了学生们晋级优质学校、选择热门专业、争取就业机会和申请出国深造的助推器。

然而,回忆我近 30 年的工作经历以及 20 多年陪伴孩子成长的历程,我发现人们在工作、学习和生活当中遇到的许多问题、误解和矛盾,都源于沟通不畅或沟通不到位。而对于沟通过程和沟通效果影响最大的,便是语文这门学科。

学科一:语文

其实,即使是学生们为了出国留学而奋战苦读的托福、雅思、GRE 等外语考试,里面必考的听力、阅读理解等内容,考的也是外国的语文。可见,外国人同样特别重视自己的语文学习,目的就是为了能够保障顺畅、准确和有效的沟通。

曾经有一位上海中学的老师告诉我:"每年的高考试卷在由各科老师完成出题之后,都必须要请语文老师仔细地审阅一遍,以确保题目的表述清晰准确,不会引起考生的误解和误读,才能够做最后的定稿。否则的话,不同的考生对于试题产生不同的理解,那么答题的过程和结果也将会有所不同,那就必将给阅卷老师造成评判上的困难。"可见语文在所有学科当中的地位和重要性!

被誉为"东方第一几何学家"的著名数学家苏

步青就深刻体会到"语文是成才的第一要素"。他坦言："我从小打好了语文的基础。这对于我学习其他学科提供了很大方便。"当年他在担任复旦大学校长发表"就职宣言"时曾经说过："如果允许复旦大学单独招生，我的意见是第一堂先考语文，考后就判卷子。不合格的，以下的功课就不要考了。语文都不行，别的是学不通的！"

　　另一位享誉世界的数学家华罗庚也极其重视语文的学习。他语重心长地说："要打好基础，不管学文学理，都要学好语文。因为语文天生重要！不会说话，不会写文章，则行之不远，存之不久。""学理科的如果不学好语文，写出来的东西文理不通，枯燥无味，佶屈聱牙，让人难以看下去。这是不利于交流，不利于事业发展的。"

　　各位家长朋友也可以认真回忆一下、思考一下，当我们在介绍自己、宣传产品、传递信息、发明创造、商务谈判、与人沟通时，如果某一方没能清晰表达自己的真实意思，是不是难免会引起其他方的误解甚至会引发矛盾和冲突？所以，请家长朋友们和您的孩子们都能够重视对语文的学习。先学好自己本国家本民族的语言,才能够学好其他的学科和语言。

如果说,语文是孩子在书本内最重要的学科,那么书本外最重要的学科就是——体育。

学科二:体育

体育这门学科之所以重要,是因为以下几个原因:

第一,有助于孩子的身体健康。一个健康的身体,无论是在孩子发育成长过程中还是在孩子长大成人之后,都是安身立命、闯荡社会的最重要的资本。"有健康才有一切"已经成为越来越多人的共识。

第二,有助于孩子的品行培养。一个经常参加体育锻炼的孩子,能够通过体育锻炼逐渐培养出勇敢、坚定、不怕困难、不惧失败、勇于不断挑战自己的品格。这样的品格也将有助于孩子增强自己学好其他学科的信心。喜欢体育运动的孩子,性格会变得开朗、阳光,不会孤僻、木讷。尤其是经常参加群体竞技类项目的孩子,更是能够在体育运动的过程中逐渐培养出重视沟通、关注协作的团队精神和集体主义精神,以及乐于关心他人、帮助他人、乐于与他人分享成功的良好品格。这些重要的品格,必将有助于孩子在走向社会后成为一个有良好人际关系和优质人脉的人,也必将有助于孩子在奋斗中得到更好的机会,取得更多的成功。

四、在分数的背后

分数,作为检验孩子学习成果的一项指标,是有其合理性的。然而,如同一个人的脉搏和呼吸频率只能反映此人被测量时的身体状况一样,考试分数反映的也只是孩子在一个特定阶段的学习表现,既不能全面展现孩子当时的总体学习状况,也不能精准预示孩子未来的学习趋势。因此,我本人一直是将孩子的分数放在比前面提到的兴趣、习惯、方法更次要的位置上。因为,兴趣、习惯、方法才是孩子真正的实力所在,是真正的核心竞争力;而分数只能作为检验孩子学习效果的指标当中的一项。

那么,是不是家长们就没必要关心分数了呢? 当然不是! 正如体检指标是通过反映当前身体综合状况来提醒人们对健康状况做出必要的跟进彻查一样,既然分数是检验学习效果的一项指标,那么家长就应当与孩子一起,分析指标所反映出来的背后的问题。

是因为孩子对这门课没兴趣、根本不愿意学? 还是因为没有掌握有效的学习方法而影响了学习效果? 还是孩子认真程度不够而导致粗心大意,把会做的题做错了? 抑或是孩子没能准确地理解题目的本意与考点所在? ⋯⋯通过与孩子的共同分析(当然也要鼓励孩子多向老师或其他同学请教),帮助孩子找出需要改进和加强的地方,让孩子学得更加扎实。

家长尤其不应当武断地以某次考试或测验的分数来判断孩子的学习态度或学习结果。应当看重的是孩子的整体学习能力,而不是孩子的某次考试分数。

五、帮助孩子打造一个强大的内心

尽管我用了不少的篇幅来介绍如何帮助孩子增强学习方面的实力,但还是需要特别阐述一下孩子心理素质的培养。"学如逆水行舟,不进则退。"古人对于学习之艰辛和困苦的描述,真实地反映了学习是一个长期的、持续的、难度倍增却又不能停滞的过程。任何一个人在经历这样一个持久的甚至是终身的学习历程当中,必定会遇到无数的挫折、打击、失败甚至是惨败!如果没有一个强大的内心,就难以保证在这个持久历程当中不被击倒、不被打垮。因此,为孩子打造一个强大的内心,甚至比培养各种技能、掌握各种方法更加重要。而打造强大的内心,需要家长给予孩子充分的信任、关心、理解、鼓励和支持。让孩子明白,挫折和失败是成功道路上的必然经历,应当充分相信自己,不畏艰难并且全力以赴去战胜困难,终究会实现自己所期望的目标。

我在关注自己孩子学习的同时,也始终将提升孩子的心理素质作为重点,并且按照前面提到的各个不同学习阶段的侧重点逐步培养孩子的兴趣、习惯和方法，直到对学习方向的规划。这一套循序渐进的过程，使得孩子在各个学习阶段都能够稳重、坚定、步步为营地打下坚实的基础，并且基础的坚实又相应地增强了孩子攻克难关、夺取胜利的信心，使得他在历次重大考试和竞赛中，都能够保持自信、淡定、从容不迫的最佳心理状态，避免出现不应有的闪失，从而出色地发挥了自己的水平，获得了令人满意的结果。

本节的内容比较多，这里与您一同总结回顾一下。

□ 学习的 4 个阶段性要素

学前要激发自主的学习兴趣

小学要培养良好的学习习惯

初中要掌握高效的学习方法

高中要规划明确的学习方向

□ 学习的两大关键性品质

认真

守时

☐　语文和体育才是最重要的学科

☐　帮助孩子打造一个强大的内心

第七章

享受育儿成果

当家长朋友们认真遵循"观念决定关系,关系决定方法,方法决定结果"的规律,依照"确立观念,界定关系,运用方法"的步骤来实施自己的亲子教育,那么,终将会达到最高层那个"享受结果"的美好境界。

这里所说的"享受",相比于状态,更多的是强调一种心态。并非是那种盲目乐观、孤芳自赏的自我陶醉状态,而应当是一种怀着对孩子真情加理智的爱,怀着对孩子的信任和肯定,以赞许、欣赏的眼光来看待孩子、对待孩子的心态。

第一节 孩子到底是谁?

看到这个标题,是不是又有家长感到疑惑?难道我的孩子是谁,我还不清楚?我在第四章第三节"亲子关系中的核心要素"当中提到:"尽管孩子的生命是父母给予的,但是当孩子一来到这个世界上,就已经不仅仅属于这个小家庭,而是属于整个社会,就已经是一个有独立身份的社会成员、一个小小的社会公民。家长对孩子所做的一切，不仅仅是在为自己小家庭的成长而付出，而且是在为社会培养一名合格的公民尽一份责任和义务。"

因此，家长们应当充分尊重孩子的独立人格，尊重孩子在成长期内的性格表现、兴趣爱好、特长天赋等特征，以及孩子对自己未来学业和职业的规划，对择偶、婚姻、家庭等生活前景的意向。只要孩子的选择不违反"三不原则"，只要家长能够帮助孩子在成人之前真正地思考清楚自己该做什么、不该做什么，孩子的选择就不会出现根本性的问题。

第二节　孩子应当成为谁?

作为一名终归要融入社会的小公民，孩子除了从父母身上遗传了相貌、体质以及一部分智力水平、性格特征之外，其他方面的特征和素养都是属于孩子自己独有的，而且未必就一定完全延续了家长的相关特征和素养。例如,孩子的体育特长、艺术天赋、兴趣爱好、学科专长、擅长的领域以及未来择业的方向,都有可能与家长自身所具备的特征或倾向存在很大不同,甚至与家长对孩子的期望也存在很大不同。

尽管我们说,孩子在行为习惯方面是家长的复制品,但是在未来的发展方面却无须成为家长的复制品。家长自身的成长路径、学历、爱好、特长、职业、行业领域等等,都没有必要成为孩子必须效仿、跟随或者弥补的目标。孩子应当成为的,是一个具备独立思考能力、独立处事能力的**最好的自己**,而不应当是别人期待他/她所成为的那个人。做家长的,如果能够以启发的方式,帮助孩子创造属于自己的理想并且陪伴孩子去努力实现那些理想,一定比主观地、武断地为孩子设定家长本人心目当中的某个理想,并且迫使孩子去实现那个不属于孩子自身的理想会更加顺畅、更加成功。

心理学当中有一个流派,叫作"完形心理学"。

其中有一项理论是说："人们对于自己内心当中未曾得到实现的某些愿望,怀有难以遏制的欲望。"这项理论反映在亲子教育上,就产生了一种叫作"愿望接力"的现象——也就是说,某些家长会不由自主地将自己渴望实现但尚未实现甚至是已经无法实现的愿望强加在孩子身上,并希望由孩子来代替自己实现那些愿望。家长的这种做法,根本原因是对于自己与孩子的关系定位不正确,没有将孩子当成一个独立的个体来对待,而是将孩子当成自己人生目标的接力者,试图通过孩子的努力来实现自己的愿望。这样的观念是完全错误的。这不仅给家长自己造成了烦恼,而且给孩子造成了困扰和痛苦,给家庭造成了不和谐。因此,家长们应当对这样的观念加以警惕和纠正。

第三节　学会欣赏孩子

如果家长们能够把孩子视为一名具有独立身份的小公民,能够把"做最好的自己"当作培养孩子的目标,那么,家长们就能够以欣赏的眼光看待孩子的行为,以包容的态度对待孩子的成长,为孩子每次取得的大小进步而喜悦,为孩子每次战胜困难而欢呼,为孩子每次收获的阶段性成功而庆祝。

家长们应当以理性、平和的心态,将发生在孩子身上的各种失误和挫折当作是孩子成长道路上的必修课;以陪伴孩子成长的理念、心态和方式,让孩子沐浴在关爱和鼓舞中,健康地成长和成熟。

此外,家长寄予孩子的期望,应当从如何培养孩子成为最好的自己出发。这样就能够将期望值设置在一个更加符合孩子实际情况的合理高度上,而不是将期望值设置得过高。那么,家长们也就更加容易从孩子取得的进步当中获得满足感和愉悦感,也就更会对孩子充满欣赏和喜欢。

归纳起来,家长们在教育孩子的过程中,首先要承认,无论年龄大小,孩子都永远是一个独立的人。教育的首要目的,就是要把孩子培养成为一个具备完整独立人格的一代新人,并帮助孩子不断提升价值观以及个人品格、个人修养和个人素质，力求成长为一个完善的、有益于自身发展的、有益于社会的公民。同时，家长应当以欣赏和包容的眼光看待孩子在成长过程中的每一次进步，鼓励孩子而不苛求孩子，让孩子在学习和磨炼中成长。用 12 个字总结起来就是：

先求完整，再求完善，勿求完美。

第八章
"金字塔法则"的运用

我已经用了不少的篇幅，详细地介绍了亲子教育"金字塔"的体系架构和"金字塔法则"的内容。相信家长们已经清楚地了解了"金字塔"各个层面所代表的含义以及各层面之间的结构关系——"观念决定关系，关系决定方法，方法决定结果"。

既然它是一个法则，家长们应当如何运用这个法则，才能够真正对您所关注的亲子教育起到实际的作用呢？

第一节　找到问题产生的那个层面

还记得我在第二章开篇时所提到的爱因斯坦的那句话吗？——**"你无法在问题产生的同一个思维层面上解决这个问题。"**那么，这个"金字塔"的作用，就是在家长们为某个层面上遇到的问题无法得到有效解决而束手无策时，为其提供一个重新思考的思路，从而能够更深入地挖掘问题背后的深层次原因，找到问题发源的那个层面，进而找到解决问题的有效方法。

当家长们为自己在亲子教育方面所面临的现状不满意时,就应当自上层而基础、由表及里地沿着方法、关系、观念的反向顺序逐步挖掘问题所在,从而在更深的层面上找出解决的办法。

例如,先反思自己所采用的方法是否得当。对孩子管教的范围以及松紧程度是否遵循了"三不原则"? 是否对孩子疏于管教而使得孩子多次违反了"三不原则"? 如果确有违反,那么就应当严格管理,要向孩子重申这项原则的重要性,郑重要求孩子必须遵守,不得触犯底线,并且要有相应的切实可行的惩戒措施,让孩子知道违反原则的代价。如果孩子并未违反"三不原则",但是家长对孩子的约束却过于苛刻,那么家长就应当提醒自己调整方法,给孩子更加合理的自由度,让孩子有机会发现自己的潜力,发挥自己的特长。

家长们除了审视自己在方法运用上是否有明显的错误,还应当进一步反问如下一系列与"关系"相关的问题:

家长是否与孩子保持了一种恰当的关系? 与

孩子之间是否保持了一种平等的关系？有没有居高临下的家长作风？有没有对孩子惟命是从的娇宠溺爱？

家长是否分清了自己正在迫切要求孩子做的事情到底是孩子本人的愿望还是家长的主观愿望？

家长是否以对成年人的标准来要求未成年的孩子？或者是否在孩子已经进入青少年阶段却仍然像对待儿童那样对孩子贴身呵护、紧盯防守、耳提面命、事必躬亲？

家长们需要主动地多问自己类似的问题，才能够弄清楚自己与孩子的关系定位是否正确。

如果家长们对于方法和关系都存在疑问，那就更需要认真反思自己的育儿观念，反思与"观念"相关的问题：

家长到底期望孩子成长为什么样的人？

家长对孩子的期望是否以"望子成人"为目标？对孩子的培养方式是否符合"望子成人"的目标？

家长在孩子的品格培养和技能培养上更关注

哪一方面?

家长在为孩子制定成长目标时是否将孩子当作是一名具有独立人格的社会小公民?

第二节 学习与运用的 U 形路径

这个"金字塔"看似简单,各层面之间的关系也很清晰明确,但是在实际运用时还是需要持之以恒地反复练习才能够更好地发挥作用。关键是不要一味地在"方法"层面上苦苦寻找,应当多反问自己是否正确处理了与孩子的关系,以及是否将自己的主观意志强加给了孩子。

按照管理学的理论,人们在学习一项技能时,会在意识和能力的两个维度上实现先"从无到有"、再"从有到无"的奇妙转变。

如图 8-1 所示,当家长对亲子教育的关键理念既不了解也没有掌握任何有效的技能时,便是处在"无意识·无能力"的阶段。这个阶段的家长,在监护人的责任、义务和行为方面都严重缺

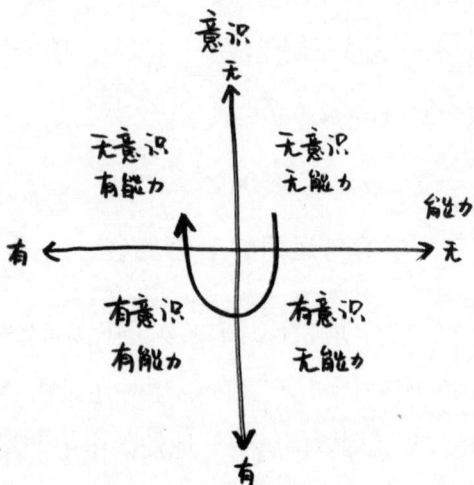

图 8 - 1 学习与运用的 U 形路径

失,既不想认真教育孩子也不懂得有效地教育孩子,使孩子处在一种无人管教的所谓"散养"状态。

当家长开始逐步了解各种有益的教育理念,并且希望学习和运用这些教育理念,但却尚未能够熟练掌握必要的技能时,便进入了"有意识·无能力"的阶段。这个阶段的家长,教子心切,渴望学习和掌握各种有效的教育方法却不得要领,造成与孩子的关系紧张,也引发了家长自己的种种困扰和焦虑。

当家长在系统性地吸收了重要的教育理念，并且经过反复练习而开始掌握越来越多的技能时，便提升到了"有意识·有能力"的阶段。这个阶段的家长，不再焦虑和慌张，而是胸有成竹地运用自己所学到的和已掌握的技巧，卓有成效地改善亲子教育，并且不断取得越来越令人满意的进步。

当家长已经将教育理念熟稔于心并且能够得心应手地运用各类亲子教育技能时，便上升到了"无意识·有能力"的最高境界。家长既能够与孩子保持良好的互动，帮助孩子向着心中的目标前进，家长自己也能够享受与孩子共同成长的愉悦和快乐。达到这个境界之后，家长对于在亲子教育当中出现的各类难题，都能够做到成竹在胸、挥洒自如、见招拆招、游刃有余了。

下篇

稳固您的育儿

"金字塔"

第九章

教育的极致

"金字塔法则"无疑是一套行之有效的教育理念。然而它是否就能够像灵丹妙药一样地帮助所有家长们彻底解除在亲子教育上的一切困惑、为家长们提供包治百病的解决方案呢?

很遗憾,答案是"不一定";甚至是"不"!

为什么? 因为在金字塔第一层的"观念"那个层面上,在家长们搭建亲子教育金字塔之前,在思想、意识、理念方面,还存在着其他一些需要我们更进一步思考并且必须要加以解决的疑难问题。如果这些疑难问题不能得以有效解决,我们的亲子教育仍然会经历痛苦,受到挫折,甚至会遭遇失败。

现在,让我们一起回到"观念"的层面,来一探究竟……

第一节 孩子的起跑线在哪里?

在众多家长们所追捧的亲子教育理念里,"不能让孩子输在起跑线上"是出现频率极高的一句话。它体现了家长们对我们所处的这个激烈竞争环境的无奈，以及对孩子在竞争环境当中所处位置的担忧。

图 9-1 孩子的起跑线

"不能让孩子输在起跑线上"，这句话本身没有错。但是，孩子的起跑线是什么？起跑线在哪里？不甘落后的家长们，正在一步一步地将心目中的起跑线从高考往前移到了中考，又从中考往前移到了小升初，再从小升初往前移到了幼升小，甚至一直往前移到了幼儿园的入学。有一次，我与一些家长们做亲子教育分享时,针对"孩子的起跑线到底在哪里"进行了热烈的讨论。我问到"还有没有比幼儿园更往前的起跑线?"有家长答道:"孩子出生,上幼儿园之前的早教。"我再问:"再往前呢?"又有人答:"孕期,胎教。"我又问:"再往前呢?"沉默了好一会儿,有人答道:"就是父母自己咯。"啊哈,真不错! 终于有人讲出了正确的答案!

　　的确,孩子的真正起跑线不是名牌学校,不是名优幼儿园,不是课外班,不是训练营,而是家长自身的品行、素养和"三观"。我们都听说过"家长是孩子的第一任老师"。殊不知,家长不仅是孩子的第一任老师,而且是孩子终生的老师。我曾经在第一章就指出:"家长在家庭的亲子教育当中扮演着极为重要甚至是最为重要的角色。"家长对孩子的影响将是一直存在的,并且是难以磨灭的。家长们如果不想让孩子输在起跑线上,就应当先修炼自己,为孩子树立起一个谦虚勤奋、热爱学习、不断进取、永不自满的榜样,努力使自己成为一个品行高洁、素质高雅、三观高尚、有益社会的人,以自身的素养作为孩子的起跑线。

需要说明的是,我并没有把家长的知识、学历、收入、职务当作孩子最重要的起跑线。尽管这些方面对于孩子的成长将会产生不可否认的影响,但是,家长对于自身成长的要求、对生活的态度、对世界的看法、对学习的渴望、对环境的适应力和影响力,都会不知不觉地为孩子树立一个榜样,并且会潜移默化地影响孩子对未来的期望,影响孩子当下的行为。我们都曾听说过,一些自身学历不高、社会地位平凡的家长,照样能够培养出品行端正、心地善良、积极进取的孩子。这,便是"言传身教"的有力体现。

第二节 "代沟"的产生与消除

"代沟"这个词,由著名的女性人类学家玛格丽特·米德所创用,出现于 20 世纪 60 年代。代沟,从狭义上说,是指父母与子女之间的心理差距或心理隔阂。

　　对于造成代沟的主观方面的因素,专家的解释是:"两代人之间,由于成长经历不同,获取知识的途径不同,积累经验的速度不同,从而造成对于相同事物的看法不同,甚至形成了价值观的差异。"

　　毋庸置疑,两代人成长经历与获取知识途径的不同,导致了各自对教育理念和教育方式的认知与接受程度不同。目前许多家长所采用的教育方式,大多来自于家庭或家族内部的纵向学习,也就是效仿或沿袭自己小时候所受到的前辈对自己的教育方式;而孩子对于教育方式的认知,更多地来自于横向的途径,更多地受到了来自老师、其他同学的家长以及社会上其他教育机构所采取的教育方式和内容的影响。获取信息途径的不同,难免会造成对相同事物的不同理解和不同反应。随着科技的进步、时代的发展、获取信息方式的多样化,现在和今后的家长与孩子们之间的代沟实际上已经具备了逐渐缩小的条件。

　　然而,现有的缩小代沟的条件能否得到有效利用,将会导致不同的结果。如果家长们能够以开放的心态,与时俱进地努力学习和吸收科学的教育理念,增进对年轻一代的成长环境、思想特点的深入了解,掌握和运用现代的教育方法,就能够主动缩小与孩子之间的代沟,实现良好的沟通,建立和谐的亲子关系。反之,如果家长不仅不愿意努力学习、改变自己、提升自己,反而一味要求孩子听自己的话,按照自己的意志去行动,那么,家长就变成了拖着孩子跟自己一道"刻舟求剑"的落后分子,这对孩子的成长和家庭的幸福都将是严重的伤害。

所以说,消除代沟的最有效方法,就是家长应当做到**与时俱进**,认真学习新的育儿理念和知识,努力改变自己,让自己同孩子一起不断地成长,并且还要跟上孩子成长的步伐。

第三节 与孩子共同成长

既然找到了孩子的真正起跑线,同时还找到了代沟形成的原因,想必家长朋友们此刻应当意识到了,要想真正做好亲子教育这件长期而要紧的大事,首先需要的是改变自己。改变自己的观念,改变自己的行为,更多、更全面地去了解孩子的心理和孩子的世界,进而以自己作为榜样去影响孩子、引导孩子。

管理学当中有一条"领导力黄金法则"——"只让他人做你自己也愿意做的事"。应用在亲子教育上,就意味着:"家长希望孩子做到的,自己应当首先做到;家长希望孩子改变的,自己应当首先改变——至少要通过行动表现出积极主动的愿望和态度。"

有句话叫作"教育的极致,是父母对孩子的行为影响"。孩子是父母的复制品。家长如果希望孩子在品德、性格、行为上做出改善,家长自己就应当怀着一颗自我成长、自我提升的心,放下自己的架子,降低自己的身段,把自己放在与孩子并列前行的位置上,努力做一个与孩子共同成长的家长!

我们的理念是:

家长不改,孩子不变!

我们的目标是：

提升自己，成就孩子！

我们的行动是：

家长好好学习，孩子天天向上！

祝愿每一位家长都能够勇于改变自己，为孩子们树立一个自信、自律、勤勉、上进的好榜样！

祝愿每一位孩子都能够做到独立自主、积极进取，将自己的最大潜能发挥出来，成长为**最好的自己！**

祝愿每一个家庭都能够和谐，幸福，快乐，美满，**家和万事兴！**